Histórias e Anotações

FRANCISCO CÂNDIDO XAVIER

Histórias e Anotações

Pelo Espírito
Irmão X

Copyright © 2014 by
FEDERAÇÃO ESPÍRITA BRASILEIRA – FEB

Direitos licenciados pelo Centro Espírita União à Federação Espírita Brasileira
CENTRO ESPÍRITA UNIÃO – CEU
Rua dos Democratas, 527 – Jabaquara
CEP 04305-000 – São Paulo (SP) – Brasil

1ª edição – 1ª impressão – 1 mil exemplares – 5/2019

ISBN 978-85-9466-305-4

Todos os direitos reservados. Nenhuma parte desta publicação pode ser reproduzida, armazenada ou transmitida, total ou parcialmente, por quaisquer métodos ou processos, sem autorização do detentor do *copyright*.

FEDERAÇÃO ESPÍRITA BRASILEIRA – FEB
Av. L2 Norte – Q. 603 – Conjunto F (SGAN)
70830-106 – Brasília (DF) – Brasil
www.febeditora.com.br
editorial@febnet.org.br
+55 61 2101 6198

Pedidos de livros à FEB
Comercial
Tel.: (61) 2101 6155/6177 – comercialfeb@febnet.org.br

Dados Internacionais de Catalogação na Publicação (CIP)
(Federação Espírita Brasileira – Biblioteca de Obras Raras)

X3h Xavier, Francisco Cândido, 1910-2002

    Histórias e anotações / pelo Espírito Irmão X; [psicografado por] Francisco Cândido Xavier. – 1. ed. – 1. imp. – Brasília: FEB; São Paulo: CEU, 2019.

    103 p.; 21 cm

    Inclui índice geral

    ISBN 978-85-9466-305-4

    1. Espiritismo. 2. Obras psicografadas I. Federação Espírita Brasileira. II. Título.

CDD 133.93
CDU 133.7
CDE 80.01.00

Sumário

Prefácio 7
1 Viagens ao espaço 9
2 O cultivador infiel 13
3 Petições 19
4 Duas semanas 23
5 Psicografia 27
6 Apreciando os satélites 31
7 De pé os mortos 35
8 Entre dois mundos 39
9 Médiuns e instrutores 43
10 Vinte anos 47
11 Sinceramente 53
12 Kardec, obrigado 59
13 O centenário de Hydesville 63
14 Problemas de um médium 67
15 O crente modificado 73

16 Pedro em visita..79
17 Explicações..85
18 A receita oportuna....................................89
19 Memórias...93
20 Cordialmente...97
Índice geral 101

Prefácio

Amigo leitor,
Conta-se que Tirésias, o sábio, já muito idoso e quase cego, habituado ao contato com a multidão, se reunia com numerosos populares nas praças de Tebas, de cuja grandeza ainda restam as ruínas de várias cidades, dentre as quais se destacam Luxor e Karnak, a fim de comentar as suas lembranças para os circunstantes, em grande número, que o ouviam com atenção.

Tamanha era a ligação do orador com o espírito popular nas narrativas e anotações de que ele se fazia mensageiro, que a presença dele é recordada até hoje, na memória da Humanidade.

Muito semelhante à ligação desse sábio com a mente do povo é a identificação do Irmão X, o culto escritor brasileiro que soube cultivar na comunidade da nossa pátria a admiração e o respeito.

Este livro lhe traz, leitor amigo, a personalidade original, instruindo-nos e edificando-nos, ao mesmo tempo.

Para reconhecer-lhe a altura da inteligência e a nobreza da cultura nobremente conduzida, entregamos-te este volume, que nos fará sorrir e meditar.

EMMANUEL
Uberaba, 18 de junho de 1989.

~ 1 ~
Viagens ao espaço

Falas, entusiasticamente, em habitantes de outros mundos, como se não estivéssemos habituados à experiência espírita.

Ante a evolução dos projéteis balísticos, referes-te às criaturas de Marte e Júpiter, Vênus e Saturno, com o êxtase de uma criança. E pensas em alterações e reviravoltas milagrosas, como se a tela moral do orbe pudesse modificar-se de momento.

Lembra-te, porém, de que a Vida estua, vitoriosa, em toda parte e de que a própria gota d'água é um pequenino mundo, povoado por miríades de seres dos quais o microscópio nos proporciona ampla notícia.

* * *

Cada esfera quanto cada paisagem é habitada a seu modo. E todos nós, amigos desencarnados, formulamos votos para que o homem, nosso irmão, continue devassando pacificamente o espaço, surpreendendo novas características de vida no reino cósmico. Nota, entretanto, que há mais de um século os homens que "morreram" chamam, debalde, a atenção dos homens que "vão morrer". E gritam que a Vida continua para lá do sepulcro, que a matéria se gradua em outros estados diferentes daquele pelo qual é conhecida na Terra.

* * *

Convidados à verificação da verdade, sábios eminentes como Crookes, Myers, Morselli, Ochorowiez, Aksakof, Lodge, empenham a própria autoridade, trazendo a lume observações e declarações indiscutíveis.

Médiuns consagrados ao Bem colaboram na difusão dos novos conhecimentos. Home, Eusapia, Esperance, Piper, sem nos reportarmos às irmãs Fox, submetem-se a exigências constantes.

Os Espíritos são vistos, ouvidos, apalpados, fotografados e identificados, mas, porque os medianeiros permanecem naturalmente unidos à mensagem, como o violino ao musicista, o notável pesquisador constrói com tal sutileza a sua filosofia da dúvida, que a Doutrina Espírita estaria transfigurada simplesmente em vasto laboratório de intermináveis experimentos, não fosse a legião de bravos que lhe sustentam o estandarte de Amor e luz, como autênticos vanguardeiros do progresso, junto da Humanidade.

* * *

Ainda assim, apesar de todos os empeços, avança a evidência do Mundo Espiritual.

Nos países mais cultos do globo, os fenômenos do Evangelho vão sendo revividos, imprimindo consequências morais por toda parte. Os assuntos da sobrevivência são reexaminados. Outros médiuns chegam à sementeira das grandes revelações e o movimento prossegue, anunciando a continuação da Vida no Além.

* * *

O problema, contudo, é tão fascinante, que até mesmo os Espíritos, privilegiados do entendimento, manuseiam-lhe os valores como quem lhe desconhece a grandeza. Permanecem na realidade fulgurante, à maneira do homem comum à frente do Sol. À força de recolher-lhe, gratuitamente, a vitalidade e o calor, se esquece de agradecer-lhe a presença.

Não precisa perguntar-nos, assim com esse ar de encantamento, se pode habilitar-se a uma excursão até Vênus ou Marte, em época próxima. Queiras ou não, farás, como nós já o fizemos, uma viagem muito mais importante. Mesmo que bebas soros de longevidade, com geleia real de contrapeso, conforme as usanças do século, apresentarás as tuas despedidas no momento adequado.

* * *

Creias ou não creias, conhecerás cidades prodigiosas e ninhos abismais, superlotados de gente que sente e pensa como tu. Não precisarás, para isso, tripular um foguete em velocidade. Virás mesmo na barca do velho Caronte.

Nem alarme, nem propaganda. Para os homens, nossos irmãos na Terra, estarás em silêncio.

* * *

Mas teus olhos verdadeiros mostrar-se-ão percucientes por trás da fronte marmórea, e a tua voz se levantará, renovada, por cima da boca hirta. Tão logo comece a romagem, dirão no mundo que estás morto.

Pensa nisso para acostumar-te, desde agora, às dificuldades com que te haverás depois para seres recebido entre os homens.

* * *

De qualquer modo, porém, encontrarás na Doutrina Espírita todos os recursos necessários à grande preparação. Se respeitada, ela te será precioso passaporte, laboriosamente adquirido, para que te dirijas, tranquilo, aos domínios maravilhosos que desejas conhecer. E essa circunstância, no caso, é a mais expressiva de todas, porque, se podes chegar hoje, em carne e osso, a planetas diversos do nosso, a fim de observares o que é dos outros para morreres em seguida, amanhã desembarcarás nos planos da Vida Maior, em Espírito e Verdade, para receberes o que te pertence.

~ 2 ~
O cultivador infiel

— Não me conformo — repetia irritado o Dr. Novais Magalhães —, o Espiritismo popular é vespeiro de confusão. Onde já se viu tamanha bagagem de embustes? É verdadeira escola de loucos e, frequentemente, não se compreende tão elevado número de débeis mentais.

— Mas, doutor — ponderava o Matos Lessa —, há observações interessantes que cumpre não desprezar. Nem tudo é caso grosseiro ou indigno de análise. Claro que no intercâmbio com o invisível há que destacar deficiências mediúnicas. Se alguém se incumbe de um recado nosso, logicamente, misturará suas expressões individuais no esforço de transmissão necessária. É o caso do médium. Se um político ou um cientista, distante do lar ou do trabalho, apenas encontrasse humilde carregador capacitado à transmissão de uma mensagem à família ou aos colegas, naturalmente não sacrificaria o objetivo essencial ao processo exterior do serviço. É razoável que o portador satisfaça ao encargo, todavia, emprestando à colaboração características que lhe sejam peculiares. O dever, entretanto, estará cumprido, os detalhes, por certo, na maioria das vezes, deixarão a desejar.

* * *

— Não concordo, porém — reafirma o doutor —. A observação justa não dispensa o método rigoroso. A meu ver, a sobrevivência está muito longe de ser provada através das supostas comunicações com o Além. Temos somente apreciável acervo de fenômenos da própria subsconsciência. As mensagens nunca ultrapassam a esfera de cultura do médium, os efeitos físicos são perfeitamente explicáveis pelo conhecimento do magnetismo em nossa época. Nada observo que transcenda o paralelismo psicofisiólogico da ciência oficial.

* * *

Continuava a discussão acalorada, cheia de persuasão por parte do Lessa e de argumentos pesados do rigoroso investigador.

O Dr. Magalhães, entretanto, jamais cedia terreno. Sua mente de pesquisador vivia repleta de conceitos clássicos a derramarem-se-lhe da boca em terminologia científica. Não apenas Matos Lessa vivia a duelar verbalmente com ele. Amigos vários tentavam inutilmente renovar-lhe as interpretações. Novais era, porém, irredutível. Exibia chaves da ciência comum para todos os casos da fenomenologia. De qualquer reunião respeitável a que comparecia, instado pelos companheiros, retirava-se mostrando sorriso irônico e invariável ao canto dos lábios.

Histórias e anotações

* * *

— Não observou aquela mensagem dirigida à senhora Castanheira? — indagava o Morais, velho amigo dele. — O médium desconhecia as particularidades da comunicação. Notou os nomes familiares? E a descrição da moléstia do filho? Como interpretará você o fenômeno, sem o concurso do Espiritismo?

Sorria o observador renitente, acentuando:

— Simples transmissão telepática. Nada mais que isto. A ansiedade da família Castanheira envolveu a organização mediúnica e produziram-se as páginas de conselho. Ora, ora, o cérebro humano é aparelho que mal conhecemos...

— Mas, meu amigo — atalhava o outro —, semelhante conclusão não satisfaz. Além disso, outros casos existem mais surpreendentes.

E Morais desfiava longo rosário de narrações, enquanto o doutor Magalhães se desfazia em comentários sobre automatismo, mecanicismo, subconsciência, patologia, telepatia, criptomnésia, telecinesia, psicogênese e outras teses respeitáveis do metapsiquismo contemporâneo.

* * *

Ao fim da longa conversação, o investigador rematava:

— Afinal de contas, não me farei ao mar da ilusão. Quero fatos tangíveis, expressões palpáveis. O Espiritismo popular, com os seus doutrinadores ignorantes e médiuns embusteiros, não atrai estudiosos de valor intelectual. Sou honesto, meu caro, e o homem honesto deve ser verdadeiro.

— Não somos menos leais — aduzia o companheiro serenamente — e não desrespeitamos os postulados científicos. No entanto — e acentuava com inflexão firme — será admissível que a simples enunciação de palavras complicadas resolva problemas grandiosos da existência humana? A teoria não realiza coisa alguma por si só. Você, meu caro Magalhães, pode ser excelente educador, na expressão verbal, mas não é irmão.

— Que pretendes dizer? — perguntou Novais agastado.

— O educador explica, retalha, demonstra friamente e, por vezes, não vai além da lição teórica. O irmão é companheiro de luta, partilha as dores e alegrias do trabalho, compreende e consola.

— Alto lá! Não confundamos ciência e fé religiosa, raciocínio e sentimentalidade. A lógica não toma apartamentos ao coração. Sigamos pelo método. Não tolero as farsas mediúnicas, com as velhas exortações descabidas e indigestas.

E toda argumentação tornava-se inútil. Por mais que se falasse de voos sublimes à Espiritualidade Superior, Novais fixava olhos e pensamentos no chão duro das interpretações sem esperança. Ninguém lhe discutia a honestidade, nem lhe negava inteligência. Mas a sua atitude mental era sempre irritante. Onde o Amor dos Espíritos benevolentes e sábios semeava consolações e energia novas, atirava ele dúvidas e desencantos.

* * *

Semelhava-se ao jardineiro infiel, que, em vez de auxiliar a planta e protegê-la, arranca-a da base vital, no intuito de contar-lhe as folhas, observar-lhe a seiva e analisar-lhe as raízes, muito antes da promessa de fruto.

Mas, como toda criatura terrestre, o doutor Novais Magalhães também entregou o corpo às exigências da morte. Com grande surpresa, porém, verificou que continuava vivo como dantes. Grande ansiedade por esclarecimentos particulares, enorme sede espiritual de revelação; entretanto, a solidão era absoluta. Ninguém para atender-lhe a fome do coração. Novais começou a caminhar a esmo, ponderando agora as barreiras sensoriais.

* * *

Ah! se encontrasse um médium! Alguém que lhe pudesse levar pequeno recado à família, humilde notícia aos colegas! Ainda que esse médium fosse de vulgar instrução, aproveitar-lhe-ia o concurso sem hesitar... E se algum Espírito amigo viesse encaminhá-lo a serviços novos? No entanto, o Dr. Magalhães não podia esperar colheitas onde nada havia semeado, no capítulo da fraternidade e da consolação.

O que mais o assombrava, porém, eram as sendas por onde se dirigia ansioso. Apenas divisava árvores mortas, ervas ressequidas, arbustos quebrados e, de quando em quando, a voz de alguém que se mantinha invisível lhe gritava, ironicamente, aos ouvidos: "Mau jardineiro! Mau jardineiro! Cultivador infiel!..."

* * *

Novais, que começara indagando, vivia agora entre a súplica e a lágrima.

Após muitos anos de dor, surgiu, enfim, alguém na paisagem desolada. Tratava-se também dum jardineiro. O antigo observador fitou-o surpreso. Era um velhinho de olhar muito doce, cabeça aureolada de fios de neve, empunhando instrumentos agrícolas.

Magalhães aproximou-se e lhe pediu socorro, angustiadamente. Diante das amorosas interpelações do velho amigo, relatou a própria história, narrando-lhe as indagações do passado e as desilusões a que fora conduzido, afirmando sua honestidade e dedicação extrema ao método.

O ancião sorriu generoso e falou:

— Quando na Terra, conheceu a formiga?

— Sim... — respondeu Novais, estanhando a pergunta.

— Pois é, meu amigo, o seu caso é semelhante ao dela. A formiga é prodígio de inteligência e organização. Edifica o próprio lar, trabalha metodicamente, preserva com rigor o patrimônio que a Natureza lhe confere. É minuciosa, mas é também um assombro de operosidade e de método, mas... nunca olha para o alto e, enquanto vive no campo, é sempre a mesma formiga...

* * *

Magalhães compreendeu a alusão e chorou com amargura. Mas o amorável mensageiro tomou-lhe a destra e murmurou com brandura:

— Venha comigo. Aprenderá doravante a zelar as plantas de Deus. Compreenderá agora que, se a investigação é justa, a verdade palpita acima dela, pedindo compreensão para as bênçãos da Vida. Esqueça a sombra e busquemos a luz. Se a ciência é necessária para o aprendizado de caminhos da Terra, é preciso não esquecer que o Amor traça os caminhos do Céu.

~ 3 ~
Petições

Diante da benfeitora desencarnada, que atendia por intermédio do médium, em plena reunião de atividades espirituais, exclamou a senhora, súplice:

— Irmã Corina, sou Angélica de Seixas... Ainda não sou espírita, mas venho até aqui em grandes necessidades. Ampare-me, por amor de Deus!...

— Diga, filha — respondeu a entidade benevolente.

A visitante prosseguiu, quase em lágrimas:

— Tanto e tamanhos são os meus problemas, que fiz uma lista de minhas petições. Posso lê-la?

— Como não?

E dona Angélica, desdobrando larga folha de papel, passou a falar, atenta às notas escritas.

— Eis o que desejo:
Cura de minha velha nevralgia.
Remédio para meus olhos.
Liquidação da angústia que me persegue.

Esquecimento da tristeza e do tédio que me acompanham.
Medicação para a insônia.
Sossego íntimo.
Dizem que sofro de obsessão e quero livrar-me.
Desaparecimento dos vultos e das vozes que me atormentam.
Recuperação do meu esposo, atacado de hepatite.
Restabelecimento do meu filho Damião, internado em repouso.
Casamento feliz para minha filha Arileia.
Melhoria do temperamento de meu filho Avelino, que já consumiu dois automóveis em menos de dois meses.
Solução dos papéis relativos ao recebimento da herança que nos foi legada por meu tio João de Seixas, que morreu no ano passado.
Calma e revigoramento para meu futuro genro, que anda extremamente nervoso desde a noite em que se embriagou, quebrando o braço numa queda de lambreta.
Bênçãos para a nossa fazenda, onde o gado, há muito tempo, está doente e mofino, sem que o veterinário descubra a causa.
Paciência e harmonia para as minhas quatro empregadas, que vivem reclamando contra mim.
Mudança pacífica do vizinho da esquerda, cuja casa é uma fábrica de barulhos constante.
Compradores corretos para os seis apartamentos que acabamos de construir.
Concessão de cinco telefones.
Encontro do meu anel de brilhantes, perdido há dois meses.
Despacho favorável num processo de despejo que movi contra dois inquilinos relapsos.

Dona Angélica terminou em pranto, mas a venerada Corina, compreendendo-lhe o desajuste psíquico, abraçou-a com afeto e ponderou gentil:

— Sim, minha irmã, confiemos na Divina Providência. Examinaremos todas as solicitações formuladas, no entanto é preciso começar pelo tratamento adequado de sua própria saúde. Rogo-lhe apenas vir à nossa Instituição durante meia hora por semana, a fim de que lhe seja administrado o tratamento magnético necessário em nossos minutos consagrados à prece.

* * *

Ante a pausa que se fizera natural, tornou a benfeitora com a ternura de quem afaga um doente:
— Poderemos aguardá-la amanhã?

Dona Angélica, entretanto, abanou a cabeça em sinal negativo e alegou a multiplicidade dos compromissos que a reteriam no lar. Tropeços, dificuldades, trabalhos, obrigações...

A abnegada interlocutora, porém, observou, prestimosa:
— Bem, a irmã não pode vir ao nosso encontro, contudo não nos será difícil prestar-lhe a devida cooperação em sua própria casa. Bastará que se mantenha em recolhimento, por vinte minutos, de sete em sete dias, no horário e local a combinar.

Logo após, com assentimento da interessada, marcou-se a primeira etapa socorrista para a noite seguinte, e lá fomos, alguns companheiros em equipe de assistência, para a tarefa a realizar-se, no entanto a irmã Corina esperou, debalde, no aposento indicado aos breves momentos de silêncio e oração.

Dona Angélica de Seixas não conseguiu atender-nos por estar mentalmente ocupada, em meio de alegres amigas, numa longa e agitada sessão de pife-pafe.

~ 4 ~
Duas semanas

Quando penetramos no aposento íntimo do abastado comerciante João de Toledo, estavam à mostra as folhas do diário em que lançara, do próprio punho, as resumidas anotações das próprias atividades nas duas últimas semanas daquele mês de abril:

17 — Acordei hoje sobressaltado. Sonhei estar abraçando meu pai, morto há vinte anos. Não era precisamente um sonho. Era uma perfeita visão, dentro do quarto, mas compreendo a elucidação, pois comi lombo de porco à ceia, com boa rega de vinho verde. Ao almoço, contei o sucedido a minha mulher, que acredita numa comunicação espiritual. Ora, ora! Crendices! Etelvina, apesar de boa esposa, é mulher de cabeça fraca. Na parte da tarde, consegui armazenar mais duzentos sacos de arroz, completando o total de mil e quinhentos.

18 — Etelvina amanheceu nervosa, chorando. Disse haver sonhado também com meu pai, a rogar-me serviço

à beneficência. Dizia que o velho chegara a indicar o cofre, repetindo o meu nome em voz alta. Baboseiras de minha mulher. Ela não bebe e come pouco, mas é impressionável. Bastou que eu falasse de sonho à mesa para que igualmente se iludisse a respeito de comunicações. Consegui adquirir mais trezentos sacos de feijão imunizado.

19 — Nova choradeira de minha mulher. Declarou ter visto meu pai morto (oh! estupidez humana!) e pediu-me para levá-la a um Centro Espírita. Neguei. Se as cousas continuarem dessa forma, devo levá-la a um psiquiatra. Dei um pulo em Caxias e obtive a promessa de mais cento e oitenta sacos de arroz. Ótimo preço.

20 — Uma comissão de pessoas religiosas veio hoje a minha casa, insinuando a concessão de um dos meus lotes na cidade para o levantamento de uma casa destinada ao amparo de crianças vadias. Achei muita graça. Se querem posses, que vão trabalhar. Virei-me quanto pude e comprei mais duzentos e vinte sacos de arroz, somando o total de mil e novecentos nos meus quatro galpões. Dentro de um a dois meses, a alta será compensadora. Pretendo adquirir mais imóveis.

21 — Passei o dia em Niterói, articulando com amigos a compra de quinhentos sacos de arroz paulista, do melhor. Margem excelente. O artigo chegará em caminhões.

22 — Etelvina passou o dia chorando. Disse ter visto meu pai a recomendar-me auxílio para as crianças necessitadas. Não compreendo. Meu pai morreu há muito tempo. Minha mulher quer ir a um Centro Espírita. Que vá sozinha. Não creio em bobagem. Ouvi vários atacadistas. O arroz subirá assustadoramente depois da safra.

23 — Bolas! Etelvina veio do Centro Espírita com um papelucho escrito, dizendo ser comunicação de meu pai. A

assinatura é a do velho. Pede para que eu assente a cabeça a fim de cultivar a saúde. Fala em caridade, repouso, meditação! Ora essa! Sou um homem conhecido. Esses espíritas devem ser grandes velhacos. Proibi Etelvina de qualquer novo entendimento com esses mandriões. Amanhã, imitarão a letra de meu pai para arrancar-me o dinheiro. Tudo isso deve ser chantagem religiosa. Mensagem! O conto da mensagem, isso é o que é. Não sou tão lorpa. Recebemos quatrocentos sacos de arroz paulista. Verdadeira pechincha. Tudo indica bons lucros.

24 — Armazenei mais seiscentos sacos de feijão. Estoque excelente. Vantagens imediatas.

25 — Etelvina no mesmo choro em casa, declarando estar vendo meu pai constantemente. Isso é de enlouquecer. Os negócios me tomam tempo, sem que eu possa conduzi-la a tratamento. Os empregados querem aumento. Era o que faltava. Não dou um vintém. Rua para quem reclamar. Comprei mais seiscentos sacos de arroz brunido para saída breve. Espero cinco milhões em maio próximo.

26 — Chegada de mil e oitocentos sacos de arroz paulista. Acompanhei a descarga pessoalmente. Suei como estivador. Lucro certo.

27 — Uma senhora espírita com dez crianças veio procurar-me no armazém com uma lista de auxílio. Não assinei. Vi tudo. Etelvina no Centro atraiu a exploração. A senhora acabou solicitando um saco de arroz, mas aconselhei-a a levar os meninos para a Baixada e plantar. Caridade é manto de vagabundos. Comprei mais oitocentos sacos de feijão de Minas.

28 — Minha mulher piora dia a dia. Contei ao meu gerente o que se passa e ele me falou que é mediunidade. Até ele! Não sei se um homem de bem, falando nisso, dá para rir ou pensar. Consegui mais quinhentos sacos de arroz.

29 — Passei o dia comprando mais feijão. A praça começa os primeiros sinais de alta.

30 — Etelvina quis conversar hoje em novas lições de meu pai e mandei que calasse a boca. Não quero comunicações, não quero notícia de mortos. Vou interná-la amanhã numa clínica de repouso em Santa Tereza. Quero sossego. Meus representantes estão autorizados a começar as vendas depois de amanhã. Estaremos até a noite nos armazéns, recolhendo novas remessas do arroz que chegará de São Paulo. Uma frota de quarenta caminhões. Até vinte de maio próximo, espero o lucro de cinco a seis milhões para começar, em base mínima.

Essas eram as últimas notas do abastado negociante Pedro João de Toledo quando lhe vimos, enfim, no lar o corpo maduro e hirto que tombara repentinamente na rua, depois de algumas horas em trânsito agitado para averiguações no necrotério.

~ 5 ~
Psicografia

Assevera você que o médium, a serviço do livro no Espiritismo, deve ser analfabeto para que o fenômeno da comunicação se mantenha insofismável.

Isso, porém, meu caro, não toa com os imperativos da lógica.

Exigir um atestado de ignorância aos medianeiros incumbidos de veicular a palavra dos instrutores desencarnados é o mesmo que reclamar obra-prima de imprensa a quem não possua o mais leve conhecimento do caixotim tipográfico.

É claro que criaturas admiráveis podem realizar prodígios de beneficência sem o concurso das letras.

Sublimes tarefas da Natureza são executadas sem necessidade de informação cultural.

* * *

A semente de que se faz o pão e a maternidade em que o lar se baseia prescindem de instrução da inteligência, contudo os serviços que lhes são consequentes reclamam técnica e condução. Sem a agronomia que aperfeiçoa, a gleba estaria enquistada na insipiência, e sem a escola que honorifica o templo doméstico, a dignidade feminina acomodar-se-ia ao nível dos brutos.

Não podemos prescrever princípios eternos como sejam afinidade e sequência nos processos da Vida.

Quem aprende a manejar o buril, por vontade própria, com um estatuário, naturalmente acabará escultor, tanto quanto quem se afeiçoa ao ladrão, admirando-lhe as aventuras, decerto, com mais segurança, se fará competente na arte do furto.

Problema de inclinação e de companhia.

Se determinado médium dedica bastante Amor aos misteres psicográficos, oferecendo-lhe tempo e carinho, indubitavelmente, merecerá atenção dos amigos desencarnados que se valem do lápis no auxílio aos semelhantes, qual o aluno aplicado à frente de professores conscientes e justos.

E, estabelecida a comunhão, o serviço progredirá na medida em que se desdobre a consagração do intermediário ao propósito de aprender e servir.

* * *

Isso é mais que natural.

O trato de terra que suporte a presença do adubo e que se faça dócil à passagem do agente úmido é sempre aquele que mais produz, conquistando as mãos e os olhos do lavrador.

* * *

Médium que se mostre constante na disciplina a que se revele submisso aos ditames construtivos da Espiritualidade obterá, inegavelmente, o amparo dos companheiros desencarnados que buscam na caridade e na cultura o caminho da própria renovação.

Há médicos notáveis, desenleados do carro físico, aproveitando operários humildes da fraternidade humana para o socorro aos doentes e cientistas ilustres que, ausentes do corpo carnal, não desdenham o concurso de apagados servidores da fé para a difusão do conhecimento nobre no intuito de sublimarem, eles mesmos, o próprio coração.

* * *

E quanto mais se devotam os medianeiros à bondade e à instrução, mais se lhes eleva o grau evolutivo no campo da alma.

Indiscutivelmente, na falta de pessoas alfabetizadas, os benfeitores da Vida Superior não menosprezam os amigos privados da escola e, através deles, transmitem recados e ensinamentos que exprimem esperança e consolo.

Aliás, em circunstâncias propícias, utilizam-se até de animais para as tarefas que lhes digam respeito.

* * *

Na *Bíblia*, temos o caso da jumenta de Balaão, cujas forças foram manipuladas por um Mensageiro Divino, a fim de que o fenômeno da voz direta alertasse o filho de Beor no desempenho da missão que lhe fora cometida e, na atualidade, há algum tempo, era possível observar o nosso prestimoso Canário, o burro sábio, cuja pata graciosa, manobrada por jovem estudante desencarnada, conseguia fornecer respostas interessantes a perguntas diversas.

* * *

Ainda assim, os muares a que nos referimos não conseguiram obra mediúnica de maior vulto.

Faltava-lhes, pelo menos, um curso primário de letras humanas para o avanço preciso.

Enfim, meu amigo, estude a questão em seu próprio gabinete.

Lembre-se de que a carta primorosa foi naturalmente ditada por sua boca à datilógrafa que lhe grafou os conceitos.

Se ela não fosse quem é — colaboradora exímia do seu trabalho de homem consagrado ao pensamento —, você com certeza não conseguiria expandir-se no plano das relações e das ideias.

Você precisa dela, tão instruída e atenciosa, para instrumento de suas realizações, como nós outros, os Espíritos desencarnados, não prescindimos de bons medianeiros para o serviço que nos compete.

Como vê, nossos irmãos ainda analfabetos poderão, muitas vezes, efetuar glorioso ministério de Amor e humildade, do qual nos achamos todos distantes em nossa deficitária posição na virtude, mas, em matéria de psicografia, por enquanto, não podemos dispensar os médiuns que saibam ler e escrever.

~ 6 ~
Apreciando os satélites

Indaga você como apreciam os Espíritos desencarnados a proeza da ciência humana, enviando ao espaço os primeiros satélites artificiais, e só nos cabe responder-lhe que nós, os estudiosos, desenfaixados da teia física, achamo-nos ao lado da iniciativa, assim como larga torcida de futebol, aguardando o êxito do nosso time terrestre.

Sem a preocupação do observador chumbado ao solo, de lente em punho, vimo-los também se deslocando no céu, pequeninos fantasmas encerrando aparelhos e pilhas que, recolhendo informações da imensidade e transmitindo-as com a lealdade possível, simbolizam por si as preciosas sementes das grandes astronaves imaginadas agora para as gerações do futuro.

* * *

Aquecendo-se bruscamente ao contato dos raios solares, quando de passagem sobre a face iluminada do globo, e resfriando-se, de súbito, ao atravessarem a face noturna do orbe, endereçam aos homens valiosa contribuição ao estudo da ionosfera, da radiação corpuscular do Sol, das torrentes de forças cósmicas e dos campos eletrostáticos em zonas superiores da atmosfera, sem nos referirmos às observações positivas quanto ao comportamento das ondas de rádio e quanto à importância das correntes magnéticas circulantes que envolvem o corpo ciclópico do planeta.

* * *

Que essas máquinas primorosas constituem os primeiros passos do homem físico para a conquista do espaço cósmico, não duvidamos de leve.

Dominado o problema do combustível para a criação de motores que ainda não existem na Terra, o homem poderá realmente concretizar as ideias do radiotelecomando para foguetes interplanetários que o induzirão às mais arrojadas pesquisas.

* * *

Desdobrar-se-lhes-ão aos olhos maravilhados caminhos que nunca pode fantasiar, e a generosa moradia em que estamos residindo há tantos séculos, com seus continentes e mares, cidades e florestas, estará reduzida a singelas proporções, ante os voos imensos e sonhos astronômicos que tomarão, de assalto, a mente do porvir.

Entretanto, ao lado das grandes aspirações da ciência moderna, que incluem viagens a Vênus e Marte, tanto quanto a formação de bases na Lua, com escalas pelas ilhas volantes a serem construídas no firmamento, encontramos questões morais estarrecedoras.

É que, junto à física nuclear para fins pacíficos, suscetíveis de nortear a civilização para mais altos níveis de segurança e progresso, vemos a bomba atômica produzida em massa para golpear essa mesma civilização culta e nobre e, ao pé dos foguetes de propulsão que transportam os satélites de sondagem, situando-os a grande altura, assinalamos a presença do foguete balístico intercontinental, com capacidade de arrasamento jamais prevista.

* * *

Desse modo, admiramos a grande empresa e formulamos votos sinceros para que os pioneiros da astronáutica prossigam destemerosos, na gradativa superação do estágio humano, em plena conquista dos valores universais, associando, porém, aplauso e receio, alegria e dor, ante a estreiteza do sentimento que baseia o arrojo do raciocínio.

* * *

Sem respeito à vida do próximo, o homem ameaça a estabilidade da própria Vida, e qualquer conflito entre as nações da atualidade pode trazer ao campo bélico a exibição de engenhos mortíferos capazes de envenenar o ambiente do mundo ou de alterar o leito das grandes águas, paralisando ou destruindo a construção que ultrapassa milênios numerosos de esforço da inteligência.

* * *

Ainda assim, não somos clientes do derrotismo. Prossigamos confiantes, trabalhando e aprendendo, na esperança de avançar nos domínios do cosmo, guardando a certeza de que a Terra é uma casa de Deus concedida a nós por empréstimo, a fim de que nela façamos o curso evolutivo que nos fala de perto, à luz da imortalidade, e, se os homens nossos irmãos lhe complicarem os fundamentos, insultando-lhe os alicerces, resta-nos o supremo consolo de que a Misericórdia Divina, paciente e imutável, permitir--nos-á, como é certo, começar tudo de novo.

~ 7 ~
De pé os mortos

Senhor!
O Brasil é o coração do mundo, e o coração nunca dorme.
É a pátria do Evangelho, é a terra espiritual do testemunho.
Confiaste-lhe a árvore de teu infinito Amor e, no país da fraternidade, estenderam-se-lhe os ramos verdes e fartos, acolhendo as criaturas.
Abençoaste os que choram. O Brasil incorporou torturados e oprimidos de outras raças à sua família generosa.
Atendeste injustiçados. O Brasil sempre abrigou os perseguidos, proporcionando-lhes vida nova.
Exaltaste os pacíficos. O Brasil exerceu, em todo tempo, a bondade e a tolerância, perdoando criminosos, anistiando rebeldes, esquecendo traições e calúnias, por acolher irmãos bem-amados.
Elevaste os limpos de coração. O Brasil nunca tingiu as mãos no sangue fratricida, nas horas culminantes de

renovação política, aceitando-te os desígnios nos instantes solenes de sua história.

* * *

Determinaste que os homens se amem uns aos outros, como nos amaste. O Brasil abriu suas portas de oito mil quilômetros de extensão à frente do mar e recebeu fraternalmente os filhos de todos os povos do globo, sem preconceitos de cor, de sangue, de nacionalidade, de religião.

* * *

Agora, Senhor, neste momento grave do mundo, o teu grande Brasil, nossa pátria, foi chamado à defesa da verdade contra a mentira e a impostura.

Não te reclamamos a assistência necessária. Sabemos que tuas mãos misericordiosas pousam no leme, guiando aqueles que governam o destino dos filhos do Cruzeiro, mas, nesta hora de suprema determinação histórica, reafirmamos-te confiança e pedimos derrames tua luz em cada coração, em cada anseio materno, em cada recanto do lar, para que todo o Brasil compreenda que esta não é uma guerra de irmãos contra irmãos, porém a da luz contra as sombras, da civilização contra a barbárie, do direito contra a força, do equilíbrio contra a demência.

* * *

Sabemos que preservarás a pátria do Evangelho, desde o vale do Amazonas às coxilhas do Rio Grande, envolvendo-a nas dobras do pendão auriverde em que colocaste um coração azul enfeitado de estrelas, símbolo de tuas sagradas esperanças; que irás de norte a sul, inspirando os que administram, orientando resoluções sábias, encorajando as mães, iluminando o conselho dos velhos, renovando energias da juventude, unificando o pensamento nacional. Entretanto, rogamos esclareças a todos os brasileiros, para que cada um se integre no espírito de serviço que dignifica o dever, a responsabilidade, o trabalho, a ordem e a disciplina. Auxilia-os a fazerem cessar neste momento paixões, contendas, suspeitas, opiniões individualistas, interpretações políticas e sectarismos religiosos, a fim de que paire, acima das preocupações inferiores, a visão do Brasil imperecível, na integridade gloriosa dos bens que nos confiaste.

* * *

Nós, os "mortos" da pátria, estamos igualmente de pé.

Aqui nos encontramos para dizer aos nossos irmãos que a Vida Eterna resume as realidades sublimes e imortais e que entrelaçaremos nossas mãos com as deles nos testemunhos necessários.

* * *

Jesus acrescenta valores aos nossos valores, como tens acrescentado confiança à nossa fé; ensina-nos a transportar a flâmula auriverde do topo radiante dos mastros aos nossos corações a fim de a içarmos bem alto, no cimo da consciência.

Senhor, o Brasil permanece contigo por expulsar do templo da Vida os vendilhões do direito e da paz, e cada brasileiro reconhece que tu estás conosco, porque a tua cruz é símbolo de resistência heroica e porque sabemos que combates, desde o primeiro dia do Evangelho, na guerra do Bem contra o mal, que ainda não terminou.

~ 8 ~
Entre dois mundos

A fim de colaborar no socorro à Senhora M., internada numa instituição de saúde mental, fomos compulsar-lhe o diário íntimo, em cujas páginas respigávamos tão somente algumas de suas observações mais específicas, em torno de suas próprias atitudes quanto à maternidade.

"1955 — 6 de maio — E, afinal, casei-me. Estou feliz, muito feliz...

8 de junho — Alfredo me falou hoje da possibilidade de termos filhos. Não concordo. Filhos para destruir-me? Que ideia!...

4 de novembro — Tia Emerenciana afirmou que os meus sintomas são de gravidez. Estou amedrontada. Alfredo não pode saber. Darei um jeito para livrar-me.

1956 — 4 de janeiro — Tia Emerenciana disse que não convém ficar sem filhos, que o casamento envolve obrigações muito sérias perante o destino e — coitada de minha santa velhinha! — tentou explicar-me que existem Espíritos de eras passadas, comprometidos conosco, aos quais somos chamados a dar novo corpo, através do lar (!?), e que somente assim resgataremos nossos débitos de outras existências. Não entendi patavina.

8 de setembro — Tive um sonho terrível de ontem para hoje. Vi-me à frente de dois jovens, no quais acendera devastadora paixão. Tudo isso eu sentia, compreendia e via no sonho... Eles se rebaixavam mutuamente diante de mim, até que um deles sacou da arma, alvejando o outro e suicidando-se em seguida. Depois da cena triste, pareceu-me estar numa grande nuvem a fugir dos dois, ao mesmo tempo em que escutava a gritaria de ambos, vociferando contra mim: "Assassina! Assassina!..." Acordei assustada e estou doente. Contei o caso a tia Emerenciana, e ela declarou acreditar que me tenham voltado à memória minhas vidas passadas, que eu teria provavelmente provocado a morte desses moços, e que o sonho será talvez uma advertência do Plano Espiritual para que eu me decida a recebê-los agora, como filhos, em meu coração e em minha casa... não aceito essas superstições.

1958 — 7 de maio — Sonhei outra vez com os dois rapazes, exterminando-se por minha causa. A conversa sobre filhos foi retomada por tia Emerenciana e por mim, junto de Alfredo. Meu marido admite a chamada reencarnação e quer filhos. Eu não tolero nem uma coisa nem outra.

7 de novembro — Não suporto tanta gente a me falar sobre filhos. Detesto!

1960 — 5 de janeiro — Consegui hoje outro aborto. Dona Antônia me confessou que, se eu esperasse, teria gêmeos. Deus me livre!...

1961 — 6 de dezembro — Tenho a ideia de que fiquei muito fraca depois do segundo aborto. Ando triste, acabrunhada... E o terrível sonho voltando sempre...

Histórias e anotações

1963 — 10 de setembro — Meu marido e tia Emerenciana me levaram a um grupo espírita para ouvir preleções sobre assuntos de reencarnação. Querem que eu refaça minha saúde com sermões. Uma senhora simpática me garantiu que ficarei boa se me decidir a ser mãe, acrescentando que os tais homens que ando vendo em sonho, quase que constantemente, são entidades com quem me comprometi em existências pretéritas e que necessitam de mim para renascerem na Terra... Nada sei disso e nem quero saber.

1965 — 9 de junho — Sinto-me nervosa, muito cansada, enfastiada de remédios. E os sonhos agora parecem alucinações permanentes. Às vezes, chego quase a crer que os dois acusadores estão abeirando-se de mim, até mesmo durante o dia... Dizem por aí que me fiz obsidiada e que preciso ser mãe. Conversas!...

1966 — 8 de julho — Tia Emerenciana me comunicou haver recebido mensagem do Espírito de minha vovozinha Candora, que me teria enviado um recado assim: "Se você, minha filha, receber os adversários desencarnados nos braços de mãe, abrigando-os por filhos, sua saúde voltará..." Como gostaria de acreditar numa história como esta!

1967 — 8 de maio — Pratiquei outro aborto, mas estou pior, muito perturbada e deprimida...

10 de setembro — Comecei novo tratamento para nervos. Só vejo os homens do sonho na imaginação e escuto vozes por dentro de mim, condenando-me, ameaçando-me...

1968 — 2 de março — Tomarei qualquer espécie de anticoncepcional. Não quero filhos, decididamente não quero!

1969 — 4 de abril — Estou arrasada. Minha cabeça é um turbilhão. Observo que até os médicos mais amigos não me aguentam mais...

18 de julho — As figuras infelizes e grotescas de meus sonhos não mais me largam. Parecem demônios que se combatem e, depois de lutas tremendas um contra o outro, se voltam contra mim. Coitado do Alfredo!... É um homem aniquilado. Desde que tia Emerenciana morreu, no ano passado, já não tenho ninguém que me reconforte. Emagreci. Sou hoje uma sombra do que fui... Mas o pior de tudo é a cabeça... Oh! meu Deus, quem me auxiliará a tolerar a bola de angústia e de fogo que carrego nos ombros?..."

Nesse ponto, terminaram as observações que nos interessavam no curioso caderno. Entretanto, já sabíamos o suficiente para socorrer, de algum modo, a senhora M. em dolorosas crises no hospício, arruinada nas forças orgânicas e mentalmente subjugada por dois implacáveis obsessores — os amados de outro tempo e filhos desditosos que não chegaram a nascer.

~ 9 ~
Médiuns e instrutores

Ante os enigmas da mediunidade entre os homens, você pergunta, espantadiço: "Não dispõem os Espíritos benevolentes e sábios de recursos suficientes para impedir o abuso e a má-fé? Estaremos sempre à mercê de médiuns infelizes, capazes de amplo comércio com as forças da sombra, a tisnarem de lodo o serviço nobre dos medianeiros honestos? Por que não instituir o estudo metódico da Doutrina Espírita nos templos de nossa fé, plasmando-se o caráter do instrumento mediúnico, antes de guindá-lo à publicidade?"

Suas inquirições realmente chegam a comover pela sinceridade em que se expressam, no entanto, meu caro, respondemos com a mesma clareza que os amigos desencarnados não escravizam as faculdades dos companheiros que permanecem no mundo.

Somente as entidades inferiores avocam para si o privilégio da posse temporária sobre as inteligências enfermiças nos tristes processos da obsessão. Entrosadas entre si, partilham, na Terra, a loucura e a delinquência, provocando, onde passam, os mais estranhos sentimentos, que variam do ridículo à compaixão.

* * *

Todavia, entre os que despertaram para a responsabilidade, a governança tem o seu justo limite.

Os instrutores espirituais, qual acontece aos professores da escola comum, esclarecem e auxiliam sem constranger os que lhes recebem assistência e bondade, encaminhando-os para a educação sem, contudo, violentar-lhes o livre-arbítrio.

Do que posso deduzir, pelos estudos a que me consagro presentemente, milhares de tarefeiros da mediunidade foram conduzidos à esfera humana durante o primeiro século do Espiritismo, todos eles munidos de honrosas designações de trabalho, em diversos países do globo. Doutrinadores, materializadores, escreventes, assistentes, enfermeiros e condutores de opinião receberam preciosos títulos mediúnicos, renascendo na coletividade terrestre com a missão de servi-la, à feição de operários da luz, entretanto raros atingiram o objetivo a que se propunham.

* * *

Muitos desertaram, receando as preocupações do caminho; outros se distraíram excessivamente com as fascinações marginais; alguns esqueceram a conta que lhes seria pedida no Plano Divino, colocando-se na disputa ao poder humano; e alguns outros, ainda, preferiram acomodar-se a propostas menos dignas, descansando em felicidades ilusórias do mundo, como se pudessem fugir à sacudidela da morte.

* * *

Partilhando as energias e os recursos dos Espíritos benevolentes que os sustentavam, assim como pupilos amparados pelo prestígio e pela bolsa dos benfeitores que lhes estendem proteção e carinho, supuseram-se donos de possibilidades que lhes não pertenciam e, superestimando o próprio valor, entregaram-se a aventuras particulares, nas quais se iniciaram em dolorosas experiências, quando não se afundaram em escabrosos precipícios de frustração.

* * *

Nessas circunstâncias, o médium está sempre na posição de criatura que sacou valioso empréstimo no Banco da Bondade Divina com determinada finalidade, gastando o dinheiro a benefício próprio, com agravo dos próprios débitos.

* * *

E, como a administração de qualquer instituto bancário não pode interferir na consciência dos seus devedores, sob pena de cortar-lhes a ação, também a Espiritualidade não subtraíra de nenhum modo a iniciativa dos Espíritos que se reencarnaram, com esse ou aquele mandato específico, porquanto é da lei que a colheita corresponda à espécie da plantação.

* * *

No entanto, o último tópico de seus apontamentos merece anotação especial. Efetivamente, compete às organizações espíritas indiscutível responsabilidade na formação e observação dos médiuns, com mais ampla tarefa na divulgação doutrinária. Isso porque a mediunidade, interpretada no ponto de vista de sintonia, só por si não constitui galardão. Há médiuns de todo feitio, inclusive aqueles que, por força de seu próprio passado, ainda suportam pesada influência das sombras, esperando que a Doutrina Espírita lhes envolva o campo mental na bênção de sua luz, a fim de que possam executar as próprias obrigações.

* * *

Ainda aqui, todavia, não podemos compelir os irmãos de ideal nos variados setores de nossa edificação a proceder nesse ou naquele padrão de conduta de vez que os princípios do Espiritismo são claros para nós todos.

De qualquer modo, porém, não se atenha ao desânimo.

Cada noite é a introdução de nova manhã.

De uma verdade inconteste, podemos guardar absoluta convicção, e essa verdade é a de que Jesus não nos abandona em razão de nossas fraquezas, de que a Doutrina Espírita continuará brilhando sempre por chave de luz do Evangelho, acima de quaisquer desacertos humanos, e de que todos nós, seja onde for, receberemos sempre da Vida, de acordo com as próprias obras.

~ 10 ~
Vinte anos

Realmente, meu amigo, em dezembro de 1934, abandonei o corpo apressadamente, à maneira do inquilino despejado de casa, por força de sentença inapelável que, em meu caso, era o decreto da morte.

E você pergunta por minhas impressões da Vida Espiritual por todo esse tempo que, à frente da Eternidade, não tem qualquer significação.

Sinceramente, não tenho muito a dizer.

O homem que se desencarna sem as asas do gênio sublimado na fé e na virtude assemelha-se, de algum modo, ao navegador do século XVI que, descobrindo terras novas, plantava o domicílio no litoral, incapaz de romper os laços com a retaguarda, de modo a seguir gradativamente, na direção da floresta.

* * *

Novidades por novidades, tenho visto inúmeras.

Assim como o selvagem dos trópicos pode ser transportado até as vizinhanças do polo, a fim de extasiar-se com o glorioso espetáculo da aurora boreal, sem compreender-lhe o jogo de luz, assim também tenho contemplado paisagens maravilhosas de outros mundos, sem, contudo, entender-lhes a magnificência.

* * *

Terminado o estímulo da excursão educativa, eis-me de volta ao solo áspero de minhas próprias experiências, no qual devo cultivar os valores do porvir.

* * *

Você será naturalmente induzido a indagar quanto ao pretérito. Atravessando a criatura múltiplas existências, de outras vezes, terei igualmente regressado ao campo espiritual e, por isso, não posso estar pisando um terreno desconhecido...

Ainda assim, não suponha que algumas peregrinações na carne possam valer grande cousa quando nosso esforço na própria elevação não seja indiscutivelmente muito grande.

* * *

Viajamos no oceano das forças físicas, tornando a velhos continentes da recapitulação por alguns lustros apenas e regressamos ao litoral, a fim de prosseguir na construção das bases de progresso e segurança que nos habilitarão, um dia, aos altos cimos.

Por enquanto, é preciso vencer obstáculos e sombras, dificuldades e inibições no país de mim mesmo, para caminhar da animalidade que me caracteriza à Humanidade real de que ainda me vejo distante. E, nesse trabalho, não há muito gosto de alinhar notificações e surpresas porque tanto aí quanto aqui não é fácil modificar a química do pensamento com vistas à própria renovação.

* * *

Desnecessário comentar nossas organizações e deveres. Toda uma literatura copiosa e brilhante, nos mais diversos centros do mundo, revelam hoje os processos evolutivos da Terra Melhorada, onde presentemente me encontro, sem o pesado escafandro das células enfermiças e, por essa razão, você deve saber que vivem errantes aqui somente os que aí pervagavam, entre a ociosidade e a indisciplina, que apenas se precipitam nas trevas infernais os que, no mundo, já haviam organizado um inferno na própria cabeça e que os heróis passam por nós, de relance, com destino às Alturas em que se colocaram.

* * *

Quanto a nós, pecadores penitentes e almas de boa vontade, estamos marchando, passo a passo, na superação de nós mesmos, entre o Céu que sonhamos e o Inferno que nos cabe evitar.

Ainda assim, o comboio da morte, todos os dias, derrama viajores em nossa estação. Não raro, por isso, observo antigos companheiros do mundo chegando aqui sob as farpas do sofrimento, mastigando resíduos de extremas desilusões. São amigos que choram o ouro largado no chão, que suspiram pelo poder ou pela evidência social de que o sepulcro os despoja, que deploram o tempo perdido em atividades inúteis ou que enlouquecem, tentando debalde reaver o corpo bem cuidado que o túmulo apodreceu...

* * *

Não julgue que a recuperação seja obra de improviso.
Resignação, coragem, compreensão, paciência e valor moral não constituem artigos adquiríveis no estoque alheio. Representam qualidades que todos somos constrangidos a edificar no mundo que nos é próprio, ao preço de nossa renunciação e de nossas lágrimas.

* * *

A única nota diferente que possuo em meu círculo individual é a que se refere à minha adesão intelectual ao Evangelho, sob a luz do Espiritismo. Digo "intelectual" porque ainda estou trabalhando o coração, como o lapidário burila a pedra, a fim de ofertá-lo efetivamente ao Senhor.

E não diga que a minha conversão surge tarde demais, porque assim como o esforço de vocês no Bem é valioso investimento de recursos para a existência daqui, a nossa tarefa nessa direção capitaliza em nosso favor preciosas oportunidades para o estágio que aí nos compete de futuro, de vez que, em tempo oportuno, estarei de novo entre os homens, tanto quanto você estará igualmente entre os Espíritos desencarnados.

* * *

Como reparamos, vinte anos de vida espiritual são poucos dias para a restauração e para o reajuste, porque a dor e a experimentação, a prova e a luta ainda permanecem conosco, à feição de instrutoras, que não podemos menosprezar.

* * *

Não se aflija nem desconsole, porém, diante de minha confidência fraternal.

Trabalhe e estude, ame e instrua-se, fazendo o melhor que puder no mundo e, se você retém qualquer dúvida em torno de minhas afirmativas, em breve, você mesmo estará aqui, depois de escalar pela casa da morte, a fim de melhor sentir a Vida com o próprio coração e apreciar a realidade com os próprios olhos.

~ 11 ~
Sinceramente

Diz você que é necessário inflamar a lâmina da crítica em fogo de combatividade para expulsar os vendilhões dos templos do Espiritismo e, exaltadamente, repete a palavra "conspurcação" a cada trecho de sua carta como se apenas encontrasse, em torno dos próprios passos, malfeitores e ladrões.

* * *

Nesse afã de julgar e sentenciar, você se reporta a impressões de oitiva sobre determinados companheiros, descobrindo-lhes, desapiedadamente, as cicatrizes, à maneira de um santo convertido em juiz de consciências alheias.

E promete devassar a vida pública e privada de pessoas respeitáveis, incompreensivelmente indignado em nome do Mestre da Cruz.

* * *

Mas, examinando os propósitos que você mesmo traz à nossa consideração, seria justo movimentar semelhantes golpes em nome da caridade?

Seu zelo relaciona fraquezas e desventuras de irmãos nossos, aos quais você, se pudesse, deserdaria de todos os benefícios da proteção divina a pretexto de preservar a pureza doutrinária.

* * *

Mas, se o Cristo, cuja inspiração procuramos para os destinos de nossa fé, nunca se afastou dos transviados e dos enfermos, por que razão se recolheria o Espiritismo num círculo de eleitos sem qualquer vantagem para a nossa extensa coletividade dos sofredores a que nossa bandeira veio servir? Onde colocaríamos o nosso programa de regeneração, fugindo aos mais necessitados? E se vamos condenar aquele que hoje procura acertar o próprio caminho, onde situar a doutrina de Amor que pretendemos estender na Terra em favor do próximo?

* * *

Se estamos interessados na recuperação humana com Jesus, é preciso lembrar que não sustentaremos a ordem de um edifício, atirando-lhes pedradas.

A cultura da fé assemelha-se à lavoura comum.

Para salvar um espécime entre milhares, ninguém se aventuraria a ameaçar a plantação inteira.

* * *

E, ainda para defender um simples arbusto — se é que nos propomos realmente a defendê-lo —, não concretizaremos qualquer auxílio ao preço da violência.

O sarcasmo não constrói, tanto quanto o vinagre não mata a sede.

Uma doutrina religiosa é serviço de educação das almas.

* * *

O Espiritismo não pode escapar à regra.

Dispomos no Brasil de mais de quinhentos mil espíritas confessos, mas poderíamos alimentar a vaidade de contar com meio milhão de heróis?

Sabemos que, entre as legiões dos companheiros de boa vontade, temos vastas fileiras de doentes, obsedados e aflitos... Declara-se você, contudo, disposto a guerrear os expositores da Doutrina que, segundo suas afirmativas, não cumprem o que ensinam.

Entretanto, estará você suficientemente seguro quanto às alheias consciências ao ponto de apreciá-las, com exatidão, pela superfície?

* * *

Quantas árvores, desagradáveis pelos acúleos da epiderme, sustentam as fontes preciosas do mundo? Quantos cais, aparentemente enlameados, defendem povoações e cidades contra a fúria do mar?

Não nos consta a existência de alguma ordem de Jesus recomendando-nos a instalação de tribunais para a censura a irmãos em experiências diversas da nossa, no entanto não ignoramos que o Mestre nos exortou ao serviço do Amor em todas as circunstâncias...

* * *

Atravessada a fronteira da morte do corpo, se nos mantemos efetivamente despertos para o desempenho dos deveres que nos cabem ante as Leis Superiores, uma compreensão mais humana nos aclara o espírito e, dentro dela, meu caro, não há lugar para a ironia ou o fel.

* * *

O sentimento de nossa pequenez impõe-nos a obrigação de cooperar no Bem de todos a fim de que nos não falte auxílio no crescimento para a Vida Eterna.

Acreditando, assim, que você nos escreve com sinceridade, devo afirmar-lhe, sinceramente, que não posso concordar com a sua cruzada de reprovações públicas.

* * *

O tempo é uma dádiva do Senhor com a qual necessitamos aprender a semear e a construir com o Bem.

É possível que outrem lhe diga de minha incapacidade para corrigir por ter errado muito, por minha vez, na Terra.

Outros dirão que não passo de um Espírito perturbado em razão de meus distúrbios intelectuais no mundo.

Não nego a minha condição de enfermo em reajuste. Sou um pecador, trabalhando para não alongar a relação de minhas próprias faltas. Mas, no fundo, não posso prestigiar a sua campanha de crítica e de condenação porque eu sou um homem desencarnado e porque você é um homem que vai morrer.

~ 12 ~
Kardec, obrigado

Kardec, enquanto recebes as homenagens do mundo, pedimos vênia para associar nosso preito singelo de Amor aos cânticos de reconhecimento que te exaltam a obra gigantesca nos domínios da libertação espiritual.

Não nos referimos aqui ao professor emérito que foste, mas ao discípulo de Jesus que possibilitou o levantamento das bases do Espiritismo Cristão, cuja estrutura desafia a passagem do tempo.

Falem outros dos títulos de cultura que te exornavam a personalidade, do prestígio que desfrutavas na esfera da inteligência, do brilho de tua presença nos fastos sociais, da glória que te ilustrava o nome, de vez que todas as referências à tua dignidade pessoal nunca dirão integralmente o exato valor de teus créditos humanos.

* * *

Reportar-nos-emos ao amigo fiel do Cristo e da Humanidade, em agradecimento pela coragem e abnegação com que te esqueceste para entregar ao mundo a mensagem da Espiritualidade Superior. E, rememorando o clima de inquietações e dificuldades em que, a fim de reacender a luz do Evangelho, superaste injúria e sarcasmo, perseguição e calúnia, desejamos expressar-te o carinho e a gratidão de quantos edificaste para a fé na imortalidade e na sabedoria da Vida.

* * *

O Senhor te engrandeça por todos aqueles que emancipaste das trevas e te faça bendito pelos que se renovaram perante o destino à força de teu verbo e de teu exemplo!...
Diante de ti, enfileiram-se, agradecidos e reverentes, os que arrebataste à loucura e ao suicídio com o facho da esperança; os que arrancaste ao labirinto da obsessão com o esclarecimento salvador; os pais desditosos que se viram atormentados por filhos insensíveis e delinquentes, e os filhos agoniados que se encontraram na vala da frustração e do abandono pela irresponsabilidade dos pais em desequilíbrio e que foram reajustados por teus ensinamentos em torno da reencarnação; os que renasceram em dolorosos conflitos da alma e se reconheceram, por isso, esmagados de angústia nas brenhas da provação, e os quais livraste da demência, apontando-lhes as vidas sucessivas; os que se acharam arrasados de pranto, tateando a lousa na procura dos entes queridos que a morte lhes furtou dos braços ansiosos, e aos quais abriste os horizontes da sobrevivência, insuflando-lhes renovação e paz na contemplação do futuro; os que sorgueste do chão pantanoso do tédio e do desalento,

conferindo-lhes, de novo, o anseio de trabalhar e a alegria de viver; os que aprenderam contigo o perdão das ofensas e abençoaram, em prece, aqueles mesmos companheiros da Humanidade que lhes apunhalaram o espírito a golpes de insulto e de ingratidão; os que te ouviram a palavra fraterna e aceitaram com humildade a injúria e a dor por instrumento de redenção; e os que desencarnaram incompreendidos ou acusados sem crime, abrançando-te as páginas consoladoras que molharam com as próprias lágrimas...

* * *

Todos nós, os que levantaste do pó da inutilidade ou do fel do desencanto para as bênçãos da Vida, estamos também diante de ti!... E, identificando-nos na condição dos teus mais apagados admiradores e com os últimos dos teus mais pobres amigos, comovidamente, em tua festa, nós te rogamos permissão para dizer: "Kardec, obrigado!... Muito obrigado!"

~ 13 ~
O centenário de Hydesville

O centenário das manifestações de Hydesville desperta considerações especiais em todos os círculos espíritas da América. Margaretta e Kate Fox, as jovens médiuns utilizadas pela Esfera Espiritual na demonstração objetiva da imortalidade, são lembradas com respeito e carinho. O ambiente característico de 1848 é reconstituído nos comentários de jornais e emissoras. Num lar de evangelistas da Igreja Reformada, um homem invisível prova a sobrevivência além da morte e, não obstante o trabalho substancioso de abnegados missionários do espiritualismo em ação no mundo inteiro, os fatos de Hydesville caminham através da grande nação norte-americana. Do vilarejo humilde, seguem para New York, de onde prosseguem, varando cidades e campos, até alcançarem o Congresso Nacional, numa solene petição em que alguns milhares de pessoas solicitam a atenção dos legisladores para o assunto.

* * *

As meninas Fox passam a constituir tese viva nas conversações científicas, acadêmicas e universitárias. Aplaudidas e ridicularizadas, atraem para o movimento renovador as simpatias de administradores e juízes, filósofos e artistas, estudantes e operários.

* * *

A luz guerreia a sombra, a revelação anula o dogmatismo, a verdade confunde a mentira. Em breve, os fenômenos se estendem mundialmente, os instrumentos humanos se multiplicam, o conhecimento progride insofreável...

* * *

Quem provoca, no entanto, semelhante revolução mental não é um mensageiro resplandecente de luz. Não é um anjo que se põe a confabular com os homens.

No recinto, não há relâmpagos do Sinai.

O autor perceptível do empreendimento é um homem... desencarnado, desconhecendo, ele mesmo, a importância da iniciativa.

Mostra-se apaixonado e inferior, quanto qualquer de nós.

Confessa que foi assassinado. Todavia, apesar da posição de vítima, não foi promovido à Corte Celestial.

Condensam-se-lhe as ideias na experiência física.

Tem ânsia de conversar com criaturas que ainda se encontram na embalagem dos ossos.
Não ganhou, até ali, suficiente coragem para enfrentar o desconhecido.
Terá lido, naturalmente, muitas páginas edificantes, no esforço terrestre, mas encontra imensa dificuldade para esquecer a ofensa e perdoar o ofensor.

* * *

Exibe complexos de inferioridade.
Pretende vingar-se.
Desejaria justiçar-se pelas próprias mãos.
Qualquer entendido de medicina ou psicologia lhe identifica a perturbação evidente.
Além disso, não é "morto" da véspera.
Declara que ali permanece, desde alguns anos, em torno dos despojos.
A morte não conduziu à glória divina, mas ao tormento infernal. Reintegrou-se na própria consciência, e a mente dele, atormentada e sofredora, busca exteriorizar-se por intermédio de sinais à maneira de qualquer náufrago perdido.
Não foi bafejado ainda por claridade santificante que não procurou. Alimenta-se de preocupações puramente personalistas.

* * *

Após identificar-se pelas suas características de humanidade, prossegue aprendendo e evoluindo, tanto quanto nos ocorre no Brasil ou na Cochinchina.

Tal verificação, contudo, não impede a exaltação da Verdade e a compreensão gloriosa da Vida Eterna.

O fenômeno inicial de Hydesville, comentado nesse ângulo, adquire mais expressão e vivacidade, porque se, há cem anos, o Plano Superior encaminhava o homem desencarnado, com seus apetites e paixões, mágoas e enigmas, a consideração e entendimento dos semelhantes, como a dizerem que a morte é simples continuação da Vida, há muita gente aguardando o gongo final para receber as asas de cera e entrada gratuita no paraíso.

~ 14 ~
Problemas de um médium

O médium Calixto iniciou a tarefa com verdadeira compreensão da responsabilidade que lhe competia. Criatura simples e de coração voltado para o dever, recebia as páginas dos mensageiros espirituais com a infantilidade do menino de boa índole que recebe um recado para transmitir, obediente e humilde.

Vestia-se pobremente e, nos pés, não exibia outro calçado que não fossem tamancos rústicos.

Recebendo-lhe, contudo, os trabalhos que psicografava, a maioria dos entendidos proclamava sem rebuliços:

— É um ignorantão! Não conjuga cinco palavras com acerto. Puro jogral de espertalhões do mundo livresco a serviço de fanáticos do Espiritismo.

* * *

Humilhado pelos repetidos insultos, Calixto mobilizou as próprias necessidades, de modo a diminuir os sarcasmos que, a propósito dele, se atiravam à Consoladora Doutrina de que se fizera pregoeiro.

Trajou-se com mais apuro e queimou as pestanas, estudando a gramática. Sabia agora conversar com relativa elegância e expor os princípios que os Espíritos Superiores lhe ditavam, com facilidade e clareza.

* * *

Todavia, logo se lhe percebeu a modificação, o parecer público enunciou, solene:

— Vejam só! É um homem genial. Produz em plano superior, através da própria inteligência. Quem revela, assim, tamanha cultura escreverá com mais propriedade que os literatos mortos...

E os investigadores atilados concluíam, rematando:

— Embuste, pastiche e mais nada.

O rapaz, embora surpreendido, continuou a tarefa. Evitou a multidão e fugiu às manifestações de público. Não seria mais justo recolher as bênçãos na intimidade dos irmãos? Confinou-se ao campo doméstico dos princípios redentores que abraçara. Contudo, ainda aí, a censura vigorou, sutil e contundente.

* * *

Se Calixto recebia mensagens, relacionando verdades duras, apontavam-no, sem piedade:

— É um mistificador, obsidiado pela mania de grandeza e virtude.

Claro que os emissários da Esfera Superior não menoscabam o poder da gentileza e ninguém por haver transposto as fronteiras da morte encontra alegria em acusar os semelhantes, mas, se um amigo espiritual temperava os conceitos em sal de estímulo, buscando o soerguimento dos companheiros encarnados, indicavam-no com acrimoniosa atitude:

— É um bajulador infeliz que se demora sob a influência de perversos doadores de lisonja.

* * *

Sob perplexidades consecutivas, o médium satisfazia as exigências do ministério, no entanto era preciso interromper-se a cada passo para destrinçar enigmas pequeninos.

Se os viajores do Reino da Morte vinham falar da majestade do Céu, o intermediário era apontado por instigador da fantasia; se comentavam problemas da Terra, era definido à conta de cretino.

Jornalistas e escritores "mortos" utilizavam-lhe as faculdades a se fazerem sentir claramente, entretanto as respectivas famílias, receando-lhes a intromissão, ameaçavam o medianeiro através de processos espetaculosos e humilhantes. Citado nos órgãos judiciários por miserável impostor, Calixto recolhia-se em prece, suplicando aos missionários invisíveis providências contra a perturbação estabelecida, mas, enquanto os Espíritos benevolentes adotavam pseudônimos a fim de lançarem ideias renovadoras, com a facilidade possível, os companheiros de fé observavam-lhe, risonhos e irônicos:

— Onde iremos? Os "mortos" também usam máscara?

* * *

O confundido trabalhador era objeto de geral exame dia e noite. O zelo com que atendia ao serviço pela própria manutenção era interpretado por excessiva defesa na vida material, mas, se era encontrado fora da atividade comum por algumas horas, era categorizado por garimpeiro de vantagens especiais.

Tentava isolar-se por desincumbir-se das obrigações com mais segurança e eficiência, no entanto era apontado de imediato por orgulhoso e frio ante os sofrimentos alheios. Calixto passava, então, a comunicar-se com todos, entretanto suas palavras convertiam-se em objeto de exploração aviltante e escandalosa.

* * *

Discutido, atormentado, fustigado e seguido pela crítica incessante, através de todas as maneiras pelas quais procurava solucionar os compromissos a que se devotava, chegou o dia em que se deitou desanimado, à maneira do burro que arria sob a carga pesada.

Não seria razoável parar? Como seguir adiante?

Foi então que lobrigou, de olhos nublados de lágrimas, a presença de um mensageiro divino.

Endereçou-lhe sentida súplica, mas notou assombrado que o emissário se mantinha sorridente ao ouvi-lo.

Finda a rogativa, entrecortada de soluços, o anunciador das Boas-Novas Celestiais falou-lhe bem-humorado:

— Calixto, levante-se e não se aflija! Banhe-se uma vez por dia, tome refeições regulares e faça o que puder. O Senhor não exige o impossível. Habitue-se a auxiliar por amor ao Bem, contando com a incompreensão natural do mundo. A calúnia não piora ninguém, tanto quanto a bajulação não nos aperfeiçoa qualidade alguma. Quanto ao mais, meu amigo — e nesse ponto o mensageiro riu-se francamente —, se Jesus retirou-se do mundo pelas portas sangrentas do sacrifício na cruz, será mesmo que você pretende ausentar-se da Terra nas fofas almofadas dum automóvel?

Com a interrogação, interrompeu-se a singular entrevista e Calixto, copiando os movimentos de um muar resignado, ergueu-se de novo e retornou o passo para o que desse e viesse.

~ 15 ~
# O crente modificado

Certo devoto, em se retirando do templo, sempre encontrava pequena turma de pedintes e sofredores entre os quais distribuía os níqueis que lhe sobravam na bolsa. Em seguida, exortava-os à confiança no porvir, quando as administrações terrestres aprendessem a efetuar a justa repartição das riquezas. Contassem todos com o Senhor, rico de bondade para todos os dilacerados da sorte e que lhes enviaria benfeitores leais para o suprimento de pão e bem-estar no momento oportuno.

À noite, de mãos postas, elevava-se espiritualmente ao Céu e figurava-se à frente do Cordeiro Divino...

Ajoelhava-se e pedia reverente:

— Senhor, teus pobrezinhos padecem frio e fome... Auxilia-me para que possa, por minha vez, ampará-los em teu nome. Para isso, ó Providência dos deserdados, digna-te conceder-me a mordomia nos bens materiais! É imprescindível que os celeiros de tua compaixão permaneçam sob a guarda de colaboradores eficientes e fiéis!...

* * *

E o Salvador ouvia-o, complacente, sem prometer modificação de programa.
O aprendiz da fé retomava a luta habitual, sempre interessado na crítica fraterna.
De quando a quando, visitava instituições de benemerência e, reparando a onda crescente dos necessitados ao redor dos trabalhos socorristas, inquiria santamente indignado:
— Onde se ocultam os ricaços sem deveres?
E, sem qualquer escrúpulo, justificava a indisciplina reinando na Terra.
Fazia carga asfixiante de palavras contra os favorecidos da fortuna e, não obstante cristão, declarava compreender o desespero dos pobres quando se convertiam em revolucionários demolidores.

* * *

— Impossível um equilíbrio social — asseverava, ríspido — quando os endinheirados alardeiam conforto excessivo ao pé dos indigentes.
Chegada a noite, tornava a rogativa semiliberto do corpo físico e, sentindo-se diante do Mestre, voltava a solicitar:
— Senhor, tenho encontrado dezenas de enfermos esfomeados plenamente esquecidos... Sofrem e choram, esmolando debalde na via pública... Os missionários da proteção coletiva, a quem emprestaste a autoridade e o ouro, esqueceram-te as

bênçãos e cristalizam-se no egoísmo feroz. Dá-me recursos! Tenho necessidade de espalhar os teus benefícios!

* * *

O Salvador registrou a prece, sem alterar-lhe o roteiro. E semelhantes cenas passaram à categoria de hábito inveterado. O devoto, em esforço verbal diário, defendia os órfãos, os doentes, as viúvas, os desempregados, os aflitos e os tristes, apaixonadamente.

* * *

Nas rodas de companheiros, depois dos ofícios religiosos, pregava o advento do mundo novo em que os ricos da Terra seriam menos tirânicos e os pobrezinhos menos desditosos. Avançava, para isso, em teorias sociais de consequências imprevisíveis...

* * *

Em certa ocasião, depois de grande calamidade pública, saiu a esmolar em favor das vítimas infelizes. A seca trouxera à cidade lamentáveis farrapos humanos. Inexprimíveis padecimentos desfiguravam centenas de rostos. Os infortunados pediam trabalho, mas, antes de tudo, requeriam remédio e alimentação.

* * *

Tantas aflições presenciou o devoto no círculo dos flagelados e tanta indiferença surpreendeu na esfera das pessoas felizes, que, à noite, em preces mais comovedoras e mais ardentes, subiu em lágrimas ao Trono do Cordeiro e suplicou:

— Senhor, os teus tutelados na Terra perecem à míngua de Amor... Os afortunados escarnecem dos miseráveis, a opulência pisa os desvalidos. Dá-me acesso à riqueza fácil. Tenho necessidade de recursos urgentes para atender, no mundo, em nome de tua caridade infinita...

* * *

O Mestre, tocado no íntimo através de tão reiteradas rogativas, alterou os desígnios e recomendou que o pedinte fosse conduzido, sem demora, ao manancial da prosperidade terrestre. E a ordem desceu de anjo a anjo e de servo a servo, assim quanto ocorre num exército humano em que a determinação do general supremo desce de oficial a oficial e de soldado a soldado.

* * *

Em breve, o devoto era invariavelmente seguido por um mensageiro espiritual incumbido de soerguer-lhe o padrão econômico.

Atendendo aos imperativos da tarefa que lhe fora cometida, o emissário começou por observar-lhe as atividades comuns, identificando-lhe a posição de comerciante ativo e, examinado o melhor processo de conferir-lhe a doação celestial, passou a insuflar-lhe ideias favoráveis, utilizando recursos indiretos...

* * *

Em algumas semanas, o crente sentiu-se compelido a realizar enormes aquisições de cereais, estimulado por inexplicável entusiasmo e, em sessenta dias, em face das exigências de exportação, o estoque gigantesco rendeu-lhe o lucro líquido de oitocentos mil cruzeiros.

* * *

O auxiliar invisível, contudo, anotou-lhe profunda modificação íntima. O homem, que possuía oitenta por cento de vocação para o desinteresse com Jesus e vinte por cento de comercialismo por necessidade fatal da experiência humana, revelava estranha diferença. A mente dele, de inopino, acusou noventa e nove por cento de pensamentos alusivos a oferta e procura, compra e venda, restando apenas um por cento para o idealismo evangélico.

* * *

O cooperador espiritual, sem acesso agora ao coração dele, buscou um companheiro de fé e inspirou-lhe a formular apelo ardente à execução da promessa ao Senhor, mas o crente, quase irreconhecível, respondeu, sem rebuços:

— Sim, efetivamente, em dois meses, ganhei oitocentos contos, todavia é imperioso reconhecer que isso é uma insignificância para a nossa época. Além disso, a caridade pode esperar... O verdadeiro Bem não é serviço que se faça afogadilho...

Fixou a máscara grave do homem de negócios excessivamente preocupado e concluiu:

— Não posso esquecer igualmente que, acima de tudo, tenho a família, e o futuro não é brincadeira...

Foi então que o mensageiro, fundamente desapontado, voltou ao domicílio que lhe era próprio e a nova notícia, de servo a servo e de anjo a anjo, subiu para o Senhor.

~ 16 ~
Pedro em visita

Conta-se que Simão Pedro, há tempos, conseguiu chegar ao Rio de Janeiro, perfeitamente materializado. Utilizando preciosos fluidos da Natureza, nos bosques floridos que marginam Petrópolis, desceu dos subúrbios para o centro com o objetivo de verificar as realizações cristãs entre os novos discípulos do Evangelho.

* * *

Alpercatas de pobre, cabelos à nazarena, leve bastão a sustentar-lhe o corpo e singela túnica de estamenha, ia o apóstolo, de olhos vivos e doces, estranho aos automóveis e aos arranha-céus, na consoladora antevisão do encontro com os aprendizes do Senhor.

* * *

Achavam-se multiplicados, pensava. Trazia mentalmente o endereço de muitos, de conformidade com as rogativas que subiam da Terra para o Céu. Que lhe contariam acerca dos ideais evangélicos no mundo? Não ignorava que o planeta continuava sob o guante infernal da guerra, entretanto sabia que os ensinamentos do Messias avançavam, salvando almas.

* * *

Ante o frontispício de admirável organização católica-romana, deteve-se emocionado.

Aproximou-se. Tocou a campainha.

Pretendia avistar-se com os superiores da casa a fim de trocarem ideias.

Um padre bem-humorado atendeu:

— Quem é o senhor?

— Simão Pedro, para servi-lo.

O clérigo sorriu e anotou-lhe os desejos.

Findos alguns minutos, um dos diretores apareceu em companhia de vários religiosos. Ouviram o visitante humilde com inequívocos sinais de incredulidade e sarcasmo.

Não chegaram nem mesmo a considerar-lhe as palavras.

— Volte segunda-feira com o atestado policial — declarou o orientador da instituição — e providenciarei seu ingresso no asilo.

Simão tentou explicar-se.

O eclesiástico, no entanto, foi claro:

— Não insista. Tenho mais o que fazer. Venha segunda-feira. O psiquiatra organizará sua ficha.

Sequioso de entendimento, pediu Pedro:

— Tenho sede. Permita-me entrar, por obséquio.

— Quê? Entrar? Não precisa disso para beber água. Na esquina próxima, encontrará um café e será atendido.

* * *

Em vista da porta repentinamente cerrada, o apóstolo, algo triste, cruzou várias ruas e estacionou junto de simpática vivenda.

Perguntou ao jardineiro pelo ministro da igreja reformada que a ocupava.

O robusto rapaz deu-se pressa em satisfazê-lo. Em momentos breves, trouxe consigo não só o pastor, mas também dois jovens presbíteros.

À primeira interrogação, o visitante respondeu, esperançado:

— Sou Pedro, o antigo pescador de Cafarnaum.

Entreolharam-se os presentes, espantadiços.

Debalde buscou o velho Cephas esclarecer os propósitos que alimentava. O ministro evangélico, em vez de prestar-lhe atenção, pôs-se a ouvir os rapazes tagarelas.

— Penso que é portador da mania ambulatória — asseverou um deles —, traz alpercatas e os pés não parecem muito distintos.

— Tenho ido pregar no hospício — informou o outro — e conheço alguns casos de loucura circular.

O pastor dirigiu-se a Pedro e declarou, sem rebuços:

— Pode retirar-se. Aqui não posso recebê-lo. Procure o culto no domingo pela manhã.

— Irmão, não me expulse assim... — rogou Pedro, humilde.

— Nada posso prometer-lhe — revidou o ministro, seguro de si. — A congregação está longe de construir o nosso hospital de alienados.

* * *

Vendo-se novamente sozinho, o ex-pescador Galileu varou largo trecho da via pública e parou à frente de nobre domicílio.
Bateu, acanhado.
Ao rapazelho que atendeu, lépido, indagou pelo diretor de importante organização espiritista que ali residia.
Decorridos alguns instantes, o dono da casa veio em pessoa, seguido de dois confrades.
À inquirição inicial, respondeu tímido:
— Sou Simão Pedro, o discípulo de Cafarnaum.
Os novos amigos permutaram expressivo olhar.
O missionário da Nova Revelação, que o apóstolo procurara, nominalmente, afirmou calmo:
— Obsessão evidente. Creio esteja ele atuado por argucioso perseguidor invisível.
— Um vidente faria aqui a necessária verificação — acentuou um dos companheiros.
O outro, contudo, mostrando extensa intimidade com Richet, acrescentou, com algum pedantismo:
— Tipo inabitual. Bem provável possa ser aproveitado aos estudos de criptestesia.
Adiantando-se, Pedro implorou:
— Irmãos, tenho sede de comunhão fraterna em torno do Cristo, Nosso Senhor. Que me dizem do trabalho evangélico na atualidade do mundo?
O principal do grupo afagou-lhe a destra, que se movia suplicante, e replicou:

— Procure-me na sessão de sexta-feira, depois das vinte horas. Teremos doutrinação. A cousa vai melhorar, "meu velho".
E, gentilmente, deu-lhe o endereço.
Fechou-se a porta e o trinco rodou, automático.

* * *

Quem contou a história disse-nos ter visto o antigo discípulo da Galileia enxugar as lágrimas a lhe deslizarem copiosas do rosto e perguntar a esmo, fixando o céu tranquilo do crepúsculo:
— Senhor, onde estará pulsando o coração de teus aprendizes?!...
Em seguida, silencioso e taciturno, o velho pescador pôs-se de novo a caminho, na direção do mar...

~ 17 ~
Explicações

Não, meu amigo. Quando me desvencilhei do corpo físico, há quase vinte anos, o título de "espírita" não me classificava as convicções.

Como acontece a muita gente boa, acreditava mais no que via com os meus olhos e tateava com as minhas mãos.

Lia o Evangelho de Jesus e compulsava as impressões de vários experimentadores da sobrevivência, entretanto sem objetivos sérios de estudo, e sim na extravagância das galhas da inteligência que vão à lavoura do espírito, gritando inutilmente ou bicando aqui e ali, para perturbar o crescimento das plantas e prejudicar-lhes a produção.

* * *

Era um homem demasiadamente ocupado com a Terra para devotar-me às revelações do Céu.

Meus pensamentos jaziam tão vigorosamente encarnados nas preocupações mundanas, que nem a força hercúlea da enfermidade conseguia deslocar-me para as visões íntimas da Vida Superior.

Ilhado na fortaleza de minha pretensa superioridade intelectual, ria ou chorava nas letras, acreditando, porém, que a fé seria apanágio das criaturas ignorantes e simples, indigna dos cérebros mergulhados em maiores cogitações.

* * *

Situava-me entre a dúvida e a ironia, quando a Morte, na condição de meirinho da Justiça Divina, me intimou a comparecer no tribunal da realidade, mais cedo que eu supunha, e somente então comecei a interessar-me pelo gigantesco esforço dos homens de boa vontade que, nos mais diversos climas do planeta, se dedicam hoje à solução dos enigmas inquietantes do destino e do ser.

* * *

O túmulo não é apenas a porta de cinza.

Morrer não é terminar.

E, banhado ao clarão da Verdade, por mercê de Deus, incorporei-me à imensa caravana dos que despertam e trabalham na recuperação de si mesmos.

Não estranhe, pois, se continuo em minha faina de escritor humilde, tentando nortear as minhas faculdades no rumo do Bem.

É o que posso fazer, porquanto não disponho de especialização adequada para outro mister.

* * *

Você pergunta por que me devoto presentemente ao Espiritismo com Jesus, quando fui intérprete da literatura fescenina, lançando vários livros picantes, e político apaixonado na corrente partidária a que me filiei, como defensor dos interesses de minha terra.
Creia que, realmente, errei muito.
Mas sempre consegui equilibrar-me na corda bamba das convenções terrestres e, muita vez, caí escandalosamente em pleno espetáculo, diante daqueles que me aplaudiam ou me apupavam.
Entretanto, a morte constrangeu-me ao reajuste preciso.
Acordei para um dia novo e procuro comunicar-me com os que ainda se encontram nas sombras da noite.

* * *

Admito que poderia fazer cousa pior.
Se me deixasse vencer pela tentação, efetivamente, integraria a vasta fileira dos Espíritos obstinados na perversidade que lhes é própria, cavalgando os ombros de meus desafetos.
Algo, porém, amadureceu dentro de mim.
Aquilo que me causava prazer impele-me agora à repugnância.
A experiência mostrou-me a parte inútil de minha vida e, por acréscimo de bondade do Senhor, voltei ao campo de minha própria sementeira, não mais para deslustrar o serviço da Natureza, mas para colaborar com o Bem, a favor de mim próprio.

* * *

É por essa razão que ainda estou escrevendo...
Convença-se, contudo, de que não possuo mais no vaso do coração a tinta escura do sarcasmo e esteja certo de que me sinto excessivamente distante de qualquer milagre da sublimação.

Sou apenas um homem... desencarnado com o sadio propósito de regenerar-me.

Depreenderá você, portanto, desta confissão que, em hipótese alguma, poderia inculcar-me na posição de guia espiritual dos meus semelhantes.

A sepultura não converte a carne que ela engole, voraz, em manto de santidade.

Somos, depois da morte, o fomos, e muita gente que anda por aí mascarada aqui encontra recursos para ser mais cruel.

Quanto a mim, rendo graças a Deus por achar-me na condição de pecador arrependido, esmurrando o próprio peito e clamando "mea-culpa, mea-culpa..."

Nosso orientador real é o Cristo, Nosso Senhor.

Sem Ele, sem a nossa aplicação aos seus ensinos e exemplos, respiraremos invariavelmente na antiga cegueira que nos arroja aos fundos espinheiros do fosso.

Procuremo-lo, pois, auxiliemo-nos uns aos outros, e você, que com tanta generosidade se interessa pela minha renovação, não se esqueça das oito letras de luz que brilham sobre o seu nome. Ser "espírita" é continuar com Jesus o apostolado da redenção, e que você prossiga com o Mestre, amando e servindo, no constante incentivo ao Bem, é tudo de mais nobre que lhe posso desejar.

~ 18 ~
A receita oportuna

Anacleto, o alegre orientador de uma reunião evangélica, recebeu a visita da dona Clotilde Serra, que se banhava nas irradiações da fé, plenamente rejuvenescida em seus ideais novos, e, ouvindo-lhe a palavra amiga quanto à provável admissão dela nos serviços do Bem, aconselhou, bondoso:

— Irmã Clotilde, comece a tarefa nas obras simples da oração. Encontrará precioso acesso à luz espiritual. Abrindo nossas almas às correntes sublimes que dimanam da prece, surgem para nós oportunidades mil de alegria e paz, sob a inspiração do Cristo.

A companheira reconhecida agradeceu e partiu, entusiasta, mas, depois de um mês, informava a amigo invisível:

— Infelizmente, não pude atender à sugestão. Iniciando o trabalho, fui ferida pelo sarcasmo de muitos. Fui severamente criticada e muita gente considerou-me hipócrita...

* * *

— Minha amiga — obtemperou o benfeitor paciente —, por que não ensaia a visitação dos enfermos? Há grande vantagem na sementeira de amizade e simpatia.

A consulente ausentou-se conformada, entretanto alegava, depois de alguns dias:

— Irmão Anacleto, não consegui obedecer-lhe a orientação. Junto aos doentes, recolhi chagas sem número. Não faltou quem me interpretasse por bajuladora na pista de legados e remunerações...

— Não esmoreça! — observou o instrutor. — O trabalho útil é o nosso caminho para a luz. Auxilie as crianças! Há tanta promessa desamparada no reino infantil!... Jesus lhe abençoará o devotamento.

Dona Clotilde saiu encorajada, contudo, quando correram dois meses sobre a nova experiência, regressou clamando desalentada:

— Irmão, não me foi possível seguir adiante... Tentando socorrer os meninos abandonados, não faltou quem me designasse por sanguessuga da caridade, e alguns vizinhos chegaram a caluniar-me, afirmando, de público, que meu apego às criancinhas significava a reparação de crimes que não cometi...

Anotando as grossas lágrimas que lhe rolavam das faces, Anacleto afagou-a e ponderou, calmo:

— Não se entristeça! Volte-se para as nossas irmãs desventuradas. Ampare, sem alarde, as mulheres infelizes que a necessidade arrastou aos despenhadeiros de ilusão!... Quem sabe? Talvez encontre uma lavoura preciosa de Amor.

A sensível senhora ausentou-se, consolada, mas quando duas semanas se escoaram sobre o novo trabalho, tornou à reunião, choramingando:

— Anacleto, não posso! Não posso!... a maldade, dessa vez, foi excessivamente rude comigo... Imagine que, em me derramando no socorro fraternal, fui nomeada por mulher indigna do nome que me gabo de sustentar!... Doem-me fundamente semelhantes insultos!...

* * *

Registrando-lhe os soluços convulsivos, o prestimoso orientador sugeriu, compadecidamente:

— Clotilde, tente a mediunidade no auxílio ao próximo. A enfermidade e a ignorância campeiam em quase todos os setores da luta humana. Faça alguma cousa. A grande questão é começar. Não dê entrada ao desânimo! Sigamos na vanguarda luminosa do Bem! Mais vale uma candeia brilhante palidamente sobre o óleo da boa vontade que um milhão de comovedores discursos contradomínio das trevas!...

* * *

Retirou-se a irmã tranquilizada e confiante, mas, após o transcurso de algumas semanas, voltou a grupo e reclamou:

— Ah! Que tarefa ingrata nos impõe o ministério mediúnico! O médium é um joguete desventurado entre a curiosidade e a suspeição! Por mais se esforce, não encontra a segurança do apoio e da fé naqueles que o rodeiam e acaba sempre qual me sinto, sucumbindo de dor entre a desconfiança e a malícia de quase todos os companheiros... Anacleto, Anacleto! Que será de mim?

* * *

Dessa vez, porém, o mentor recolheu-se ao silêncio com visível tristeza e porque tardasse a resposta, a servidora complicada inquiriu ansiosa:

— Que fazer, meu amigo? Como proceder? Auxilia-me com uma receita oportuna!...

Anacleto, contudo, razoavelmente desencantado, mas ainda otimista, respondeu sereno:

— Irmã Clotilde, compreendo agora o seu caso com mais clareza! O seu problema, por enquanto, é de medicina. Procure um especialista em moléstias de pele com a presteza possível e, provavelmente, muito em breve, poderá recomeçar...

~ 19 ~
Memórias

"Deve ser horrível — diz você — o escândalo em torno de nossa memória. O nome arrastado ao pelourinho do escárnio público e ao pasto da maledicência deve ser uma fogueira de angústia para o coração acordado, além da morte."

Você tem razão.

A ave, em pleno céu, que se visse constrangida a voltar à casca do ovo, ou a árvore opulenta, que se reconhecesse obrigada a retornar para a cova do lodo, sofreriam menos que a alma desencarnada sob a intimação ao regresso às perigosas infantilidades da experiência humana.

* * *

Em tais circunstâncias, laços mais pesados nos religam o espírito com mais intensidade, a gleba da carne, e a voz dos nossos julgadores, não raro, nos converte os ouvidos em receptores gigantescos para os quais convergem todos os apontamentos justos ou injustos de quantos nos apreciam a conduta e as decisões.

* * *

Você já pensou num homem cujo corpo seja uma chaga viva, tangido violentamente por milhares de mãos descaridosas e rudes?

Esse é um símbolo pálido com que ousamos qualificar o suplício do infortunado que lega aos contemporâneos as recordações da própria viagem na Terra, quando essas memórias se referem às situações que fazem o inferno dos seus semelhantes.

* * *

Fustigado por reclamações e acusações infindáveis, o morto-vivo, com a infelicidade desse jaez, sofre golpes desapiedados a torto e a direito, à maneira de um ferido na praça pública, visitado pelos sopapos e pelos impropérios de toda a gente.

E você não calcula o que seja o martírio trazido pela impossibilidade de qualquer esclarecimento digno.

Falar ou escrever levianamente é expor-se a ouvir o pronunciamento da insensatez, e, por mais que o delinquente do verbo falado ou da letra reprovável se proclame arrependido e diferente, mais a crueldade o toma de assalto, esbofeteando-lhe o rosto amarrotado e disforme, sem que lhe seja facultada a mínima frase de defesa.

* * *

Efetivamente, enquanto nos demoramos na carne, é impossível imaginar o que seja isso.

É o desespero impotente daquele que, em vão, deseja fazer-se compreendido, é a sede inestancável de entendimento e o pranto amargurado de quem observa o incêndio no próprio lar, sem uma gota d'água para extinguir a chama destruidora.

* * *

A figura de Ugolino, o famoso chefe de Pisa, encarcerado na torre da fome, a devorar as vísceras mortas dos próprios filhos, encontrado por Dante nos recôncavos do Estige, é, de alguma sorte, a única imagem para o confronto analógico nos casos a que nos reportamos, porque, realmente ilhados na solidão de nós mesmos, entre o pesadelo e o remorso de não termos sido o que deveríamos ser, somos obrigados a tragar os detritos de nossas próprias obras.

Creia você que, em verdade, tudo isso é terrível e doloroso, de vez que o arrependimento irremediável nos transforma em duendes infortunados, em aflitiva peregrinação.

* * *

Não admita, porém, que isso seja apenas lamentável privilégio de alguns.

Não é necessário fixarmos reminiscências da Terra, em bronze ou papel, para que a vida nos revele aos outros tal qual somos.

Trazemos conosco o arquivo que nos é próprio.

Sentimentos e ideias, palavras e ações são marcas em nossa alma.

Todos alcançaremos o plano em que nosso Espírito é um livro aberto.

* * *

    Intenções ocultas, interferências nos destinos alheios, assaltos disfarçados à felicidade do próximo, crimes consagrados pela admiração do mundo, misérias íntimas e desequilíbrios morais aparecem claramente, espantando a nós mesmos, que não suspeitávamos, de leve, da nossa própria degradação.

    Você que conhece tão bem o assunto, cuide dos próprios passos e vele pelo futuro de sua alma eterna, porque a existência, meu caro, seja onde for, é sempre um livro que o nosso coração anda escrevendo.

~ 20 ~
Cordialmente

E se você perdoasse?

Declara-se aflito e exausto. Aproximou-se do Espiritismo como quem busca a fonte de águas vivas. Deslumbrado, feliz, você saciou a sede de conhecimento e consolação. Sentiu a grandeza da Vida que se estende, sublime, além da morte e passou a cooperar a fim de que outros recebessem a mesma dádiva.

* * *

Entretanto, alega a impossibilidade de ajustar-se a demais peças da máquina de serviço. Assevera, contrafeito, haver encontrado na organização doutrinária a inconsciência, a insensatez, a desconfiança e a maldade. Afirma que os irmãos não vibram no mesmo ritmo de fraternidade com que seu coração vai marcando as horas renovadoras.

* * *

Suas boas intenções são deturpadas, seus melhores sentimentos feridos...

No entanto, que lavrador do mundo encontrou o campo sem obstáculos e sem erva daninha, convidando-o ao Amor da sementeira inicial?

Se você, de mãos postas no arado da própria redenção, avançasse firme no esforço silencioso, provavelmente, não seria defrontado pelo desapontamento.

* * *

Não espere que o amigo venha ao encontro de suas necessidades, nem estabeleça dívidas de gratidão que você mesmo teria dificuldade de aceitar.

Não fomos chamados a servir entre anjos. Criaturas imperfeitas que somos, por que exigir um paraíso com exclusividade para os nossos desejos? Permanecemos num intenso campo de trabalho, onde cada servo foi trazido pelos desígnios superiores a recanto diferente.

* * *

O Espiritismo Evangélico detém gloriosa tarefa a concretizar-se através da colaboração dos homens de boa vontade. Se não nos sentirmos edificados para a melhoria dos outros, como realizar o cometimento?

Além disso, não creia seja você o único a tolerar. Todos nós arquivamos traços condenáveis na personalidade que outros suportam a seu turno, falhando-nos o senso de auxílio mútuo, como garantir a integridade das obras?

* * *

Por que a demora na exasperação ou no desânimo, se há tanto serviço nobre por fazer? Por que disputar funções alheias, se cada qual de nós está situado na posição em que será possível produzir mais e melhor? As abelhas, em plena atividade da colmeia, quando visitadas por algum detrito, não perdem tempo, atribuindo-lhe demasiada importância. Envolvem o elemento indesejável em cera isolante e prosseguem na abençoada faina do mel.

* * *

Esqueçamos também o mal perturbador para que o Bem não sofra perigoso intervalo.

Depois do sepulcro, na maioria das vezes, é que descobrimos o valor dos detritos nos círculos de luta em que você ainda se encontra. O corpo constitui para a alma o que a enxada representa para o lavrador — instrumento bendito para a aquisição de experiência. E acaso poderíamos justificar a deserção do agricultor diante de pedras e espinheiros? Para que a enxada? Para que a oportunidade de elevação?

* * *

Não menoscabe o seu ensejo de aprender, trabalhar e servir.

Quanto à imperfeição dos companheiros, lembre-se de que o doente reclama remédio tanto quanto o abismo anseia plenitude. As visões gloriosas e as gloriosas revelações não traduzem mais que responsabilidade. Paulo de Tarso contempla Jesus, radiante de beleza celestial, às portas de Damasco, todavia, voltando a si do êxtase divino, repara que a paisagem é a mesma e que os seus problemas individuais continuam inalteráveis, exigindo-lhe alta capacidade de renunciação e sacrifício para resolvê-los perante as Leis Eternas. O próprio Mestre, depois de maravilhosamente transfigurado no Thabor, desce o monte iluminado para escalar a cruz em plena sombra.

* * *

Que deseja, pois, meu amigo? Voar sem asas? Não intente. Por enquanto, trabalhe por alcançá-las.

É provável que você se aborreça com o meu parecer. Esta opinião, porém, é de um "morto" para um "vivo" e, por isso mesmo, não tem maior importância. Se você puder aproveitá-la, parabéns merece pela atitude arrojada diante de si próprio, mas se estiver incapacitado, continue procurando a "boa vida" até que a morte lhe descerre a visão. A essa altura, aprenderá muita lição útil na compulsória, engaiolado no "cárcere do tempo perdido", contudo, nem por isso esteja abatido e desconsolado porque você não será o primeiro.

Fim

Índice geral[1]

Agricultor
  deserção do * diante de pedras – 99
Alma
  importância do corpo físico – 99
  memórias da * desencarnada – 93
Amigo
  menosprezo ao * privado da escola – 29
Amor
  caminhos do Céu – 18
  médium – 28
  psicografia – 28
Animalidade
  caminhada da * à Humanidade – 48
Arrependimento
  transformação do * em duendes infortunados – 95
Banco da Bondade Divina
  médium – 45
Bem
  sentimento de pequenez e cooperação – 56
Bíblia
  caso da jumenta de Balaão – 29
Brasil
  acolhimento de irmãos bem-amados – 35
  coração do mundo, pátria do Evangelho – 35
  momento grave do mundo – 36
  preconceitos – 36
  raças – 35
  visão do * imperecível – 37
Centro espírita
  responsabilidade na formação dos médiuns – 46
Céu
  marcha entre o * e o Inferno – 49
Ciência
  aspirações da * moderna – 32
  caminhos da Terra – 18
  Espírito desencarnado e * humana – 31
Coração
  sentimento da Vida – 51
  trabalho intelectual – 50
Cordeiro Divino *ver* Jesus
Corpo físico
  importância do * para a alma – 99
Crente modificado
  modificação íntima – 77
  repartição de riquezas – 73
  solicitação – 73

---

[1] N.E.: Remete ao número das páginas.

Índice geral

Cristo *ver* **Jesus**

Crítica
campanha de * e condenação – 57

Débito
resgate de * de outras existências – 40

Degradação
motivos – 96

Doutrina Espírita
estudo metódico – 43
luz do Evangelho – 46
preparação para a Vida Maior – 12
transfiguração – 10

Doutrina religiosa
educação das almas – 55

Educador
comportamento – 16

Encarnação
esforço na própria elevação – 48

Escafandro *ver* **Corpo físico**

Espaço
novas características de vida – 10

Espiritismo
bases do * Cristão – 59
dádiva – 97
devoção ao * com Jesus – 87
eleitos – 54
impossibilidade de ajustamento – 97
princípios – 46
pureza doutrinária – 54
tarefa do * Evangélico – 98
vendilhões dos templos – 53
vespeiro de confusão e * popular – 13

Espírito
livro aberto – 95

Espírito desencarnado
ciência humana – 31
satélites artificiais – 31

Espírito inferior
caráter – 43
obsessão – 44

Evangelho
Irmão X e adesão intelectual – 50
consequências morais – 11

Experiência espírita
habitantes de outros mundos – 9

Formiga
características – 18

Gratidão
estabelecimento de dívidas – 98

Homem
respeito à vida do próximo – 33

Hydesville, fenômenos
centenário das manifestações – 63

Instrutor espiritual
comportamento – 44

Irmão
comportamento – 16

Irmão X, Espírito
adesão intelectual ao Evangelho – 50
aproveitamento da opinião – 100
conversão – 50
devoção ao Espiritismo – 87
enfermo em reajuste – 57
fé – 86
impressões da Vida Espiritual – 47
intérprete da literatura fescenina – 87
morte – 86
parte inútil da vida – 87
pecador arrependido – 88
pretensa superioridade intelectual – 86
sublimação – 88
título de espírita – 85
vinte anos de vida espiritual – 51, 85

Jesus
inspiração – 54
interesse na recuperação humana – 54
Paulo de Tarso – 99
transfiguração no Thabor – 99
tribunais para a censura – 56

Kardec, Allan
agradecimento – 61
amigo fiel do Cristo e da Humanidade – 60
homenagens do mundo – 59
superação – 60

Índice geral

Lua
formação de bases – 33

Mal
esquecimento do * perturbador – 99

Médium
amor – 28
amparo dos companheiros desencarnados – 29
analfabeto – 27
Banco da Bondade Divina – 45
cultura do * e mensagem mediúnica – 14
deficiências mediúnicas – 13
devotamento à bondade e à instrução – 29
psicografia – 28, 30
responsabilidade na formação – 46
tipos – 46

Mediunidade
comportamento dos tarefeiros – 44
condução de tarefeiros da * à esfera humana – 44
sintonia – 46

Memória
escândalo – 93

Mensagem mediúnica
cultura do médium – 14

Mestre da Cruz *ver* Jesus

Morte
continuação da Vida – 66

Mundo
edificação de qualidades no * próprio – 49

Mundo Espiritual
evidência – 10

Oração
benefícios – 89

Orbe *ver* Terra

Paulo de Tarso
Jesus – 99

Pedro, Simão
igreja reformada – 81
ingresso no asilo – 80
materialização – 79
organização espiritista – 82

Pensamento
unificação do * nacional – 37

Psicografia
amor – 28
Calixto, médium – 67
médium – 30
progresso – 28

Redenção
avanço no esforço silencioso – 98

Restauração
instrutoras para * e reajuste – 51

Riqueza
repartição – 73

Sacrifício
capacidade – 100

Sepulcro
descoberta depois do * do valor dos detritos – 99

Tempo
dádiva do Senhor – 56

Terra
casa de Deus – 34
modificação da tela moral – 9

Ugolino
imagem da figura – 95

Viagem
certeza de * importante – 11

Vida
continuação da * para lá do sepulcro – 10

Vida Espiritual
chegada de viajores – 49
impressões – 47

Vida Maior
preparação para viagem – 12

Violência
preço – 55

Voz direta
jumenta de Balaão – 29

Conselho Editorial:
Jorge Godinho Barreto Nery – Presidente
Geraldo Campetti Sobrinho – Coord. Editorial
Cirne Ferreira de Araújo
Evandro Noleto Bezerra
Maria de Lourdes Pereira de Oliveira
Marta Antunes de Oliveira de Moura
Miriam Lúcia Herrera Masotti Dusi

Produção Editorial:
Rosiane Dias Rodrigues

Revisão:
Anna Cristina Araújo Rodrigues
Elizabete de Jesus Moreira

Capa:
Ricardo Rodrigues Alves

Projeto Gráfico:
Ingrid Saori Furuta

Diagramação:
Rones José Silvano de Lima – www.bookebooks.com.br

Foto de Capa:
istockphoto.com.br | YlaniteKoppens

Normalização Técnica:
Biblioteca de Obras Raras e Documentos Patrimoniais do Livro

Esta edição foi impressa pela Lis Gráfica e Editora Ltda., Bonsucesso, SP, com tiragem de 1 mil exemplares, todos em formato fechado de 140x210 mm e com mancha de 104x168 mm. Os papéis utilizados foram o Lux Cream 70 g/m² para o miolo e o Cartão 250 g/m² para a capa. O texto principal foi composto em fonte Adobe Garamond 13/15 e os títulos em Adobe Garamond 28/26. Impresso no Brasil. *Presita en Brazilo.*